신

GOD: A Very Short Introduction, First Edition

첫 단 추 시 리 즈
020

신

존 보커 지음
이재만 옮김

교유서가

일러두기

성서 번역은 『공동번역성서』(대한성서공회)를 따랐다.

꾸란 번역은 원서의 영어 번역과 웹사이트 https://quran.com에서 찾아볼 수 있는 여러
영어 번역을 참조했다.

차례

서문

역사를 통틀어 세계 각지에서 대다수 사람들은 신을 믿어
왔고 태반은 지금도 믿고 있다. 그런데 그들이 믿는 신은 누구
또는 무엇인가? 사람들이 신을 묘사하고 신과 상호작용하는
방식들은 워낙 천차만별이라서 비단 의견 차이로 그치지 않
고 분쟁과 전쟁으로까지 치닫곤 했다. 신은 하나인가 여럿인
가? 신은 저기 위에 있는가 여기 아래에 있는가? 신은 우주 바
깥에 있는가 아니면 우주가 곧 신의 몸인가? 신에 대한 생각
이 갈피를 잡지 못할 만큼 각양각색인 까닭에 **신을 소개하려는**
어떤 시도든 이 물음으로 시작할 수밖에 없다. "신은 누구 또
는 무엇인가?"

이는 답하기 난감한 물음이다. '신(God)'이라는 낱말마저

언제나 모든 사람에게 동일한 의미인 것은 아니다. 더구나 우리가 낱말 '신(God)'을 사용하는 것마저 문제가 된다. 어째서 '여신(Goddness)'을 쓰면 안 되는가? 사실 초창기에 사람들이 숭배하고 상상한 신(Deity)은 대개 모든 생명을 낳고 부양하는 어머니로서의 여신이었다. (특히 고고학 유적을 근거로) "적어도 지구상에서 인간이 생활한 첫 20만 년간 신은 여성이었다"라는 주장까지 제기되었다. 인도에서는 오늘날까지도 남신뿐 아니라 여신도 인정과 경배를 받는다.

그에 반해 이른바 아브라함의 종교들(유대교, 그리스도교, 이슬람교)에서 신은 압도적으로 남성적이다. 여성적인 흔적과 어머니로서의 신의 흔적이 남아 있기는 하지만 말이다. 이들 종교의 신자들은 신을 가리킬 때 남성 동사와 대명사를 사용하고, 신의 본성과 성격의 두드러진 특징이 남성성이라고 상상한다. 이렇게 특징짓는 신의 성격은 그들이 살아가는 방식에 크나큰 영향을 끼친다. 예를 들어 아주 최근까지도 남녀가 섞인 회중의 기도를 인도하는 랍비, 사제, 이맘(imam)이 되려던 여자들은 십중팔구 남자들의 용인을 받지 못했다.

그렇다면 낱말 'God' 대신 'Deity'를 사용해야 하는가? 이는 지나치게 인위적인 선택으로 보이며, 여하튼 'Deity'가 대개 남성적인 특징들을 가진 'God'으로 묘사된다는 사실을 감춘다. 이런 이유로 이 책에서는 전반적으로 'God'을 사용할 테지만, 남성이 지배한 오랜 세월이 지나간 이후 '여성적인 것의 귀환'은 이미 우리의 신 이해에 영향을 끼치고 있다. 이 변화를 인정하고 또 그 중요성을 일깨우고자 이 책에서는 신과 관련하여 남성 또는 여성 대명사를 사용하지 않을 것이다. 다만 인용할 때(저작권 때문에 표현을 고칠 수 없다)와 남성과 여성을 구별할 필요가 있는 인도의 종교들을 기술하거나 논할 때는 예외를 둔다.

물론 우리가 어떻게 이해하든 신은 결국 인간의 모든 낱말과 묘사를, 그리고 틀림없이 성별을 훌쩍 넘어선다. 그렇더라도 신에 대한 상이한 묘사와 특징짓기가 많다는 것, 그중 일부는 남신과 여신을 인간적인 묘사의 범위 안으로 끌어들인다는 것을 우리는 인정해야 한다. 또한 우리는 신에 대한 이해가 한결같지 않다는 것을 인정해야 한다. 특정 종교 내에서도 신자들이 신에 대해 생각하고 말하는 방식에 극적인 변화(그리고 흔히 심각한 의견 차이)가 일어나곤 한다.

이 말이 다소 놀랍게 들릴지 모르겠다. 어쨌든 신이 신이라면 당연히 불변하지 않을까? 그럴지도 모른다. "내 주위 모든 것이 변하고 썩을지라도/오 변치 않는 주여, 저와 함께 머무소서." 그렇더라도 상이한 종교들은 각기 다른 시점에 신을 묘사하고 특징지어왔으며, 그런 규정은 변화한다.

간단한 사례로 디아우스(Dyaus)에서 제우스(Zeus)로의 이

행을 살펴보자. 고대 인도에서 하늘은 생명과 보존(태양과 비)과 돌연한 파괴(폭풍과 번개)의 원천으로 여겨졌다. 이런 효과들의 동인으로서 하늘은 디아우스라고 불렸다. 그러다가 효과들이 다른 동인들에 속하게 되자(태양은 수리야Surya가 되었다) 디아우스는 남녀 제신이 거하는 팔방천(八方天) 가운데 하나가 되었다. 한편 디아우스는 다른 지역들로 전파되어 그리스에서 제우스가 되었다. 그곳에서 제우스는 호메로스 시대(기원전 8세기)에 "인간 추종자들에게 존경과 경의를 요구하고 그런 존경을 받지 못할 것 같으면 아주 심술궂게 돌변하는, 서로 옥신각신하는 프리마돈나 무리" 같다고 묘사되어온 다른 남신들과 여신들의 가부장이 되었다. 아이스킬로스 시대(기원전 6/5세기)에 묘사한 제우스는 또 다르다. 제우스는 더 멀리 떨어진 신이 되었고(『아가멤논』의 앞부분에서 코러스는 이렇게 외친다. "제우스, 그분께서 어떤 분이시든, 이 이름으로 부르는 것을 기뻐하신다면, 나 그분을 이 이름으로 부르리라"), 스토아 철학자 클레안테스(기원전 4/3세기)가 쓴 제우스 찬가에서 제우스는 존재하는 모든 것을 생겨나게 하고 보편적인 '이성의 말'로 만물을 인도하는 유일한 신이 되었다.

이 간략한 사례에서 우리는 설령 신을 동일한 이름이나 엇비슷한 이름으로 부를지라도 시공간에 따라 신 이해와 특징 짓기가 크게 변한다는 것을 확인할 수 있다. 한 세대에서 다음

세대로 넘어갈 때마다 세상 만물에 대한 이해가 얼마나 달라지는지를 감안하면 극적인 변화가 잦다는 것은 그리 놀랄 일이 아니다. 예컨대 자연과학에서 우주를 이해하는 새로운 방식은 과거의 방식을 끊임없이 바로잡고 있다. 과학에서나 신 이해에서나 큰 부분은 분명 변하지 않는다. 시간을 통해 검증되고 믿을 만하다고 판별된 부분이기 때문이다. 그렇다고 해서 나머지 큰 부분까지 불변하는 것은 아니다. 신과 우주는 변함없을 테지만, 신과 우주에 관해 생각하고 말하는 우리의 방식들은 경험과 이해, 지혜가 쌓임에 따라 변모할 것이다.

이 논점은 신을 이해하고자 할 때 극히 중요하며, 이 책에서 실례를 들어 더욱 상세히 입증할 것이다. 요점은, 신은 변하지 않을지라도 상이한 집단과 종교가 신을 묘사하고 특징짓는(즉 신에게 특정한 본성이나 성격을 부여하는) 방식들은 엄청나게 다르고 또 실제로 시간이 흐르면서 변한다는 것이다. 신의 의미는 고정되어 있지 않다. 종교들과 신자들은 대개 이 사실을 받아들이기를 꺼리지만, 그렇게 내키지 않아 하는 이유는 그들의 충성심과 신심 때문일 것이다. 그럼에도 그들의 신 이해와 특징짓기는 한결같을 수 없다(더이상 신은 하얀 수염을 늘어뜨린 채로 구름 위 옥좌에 앉아 있는 노인의 모습이 아니다). 주세페 토마시 디 람페두사(Giuseppe Tomasi di Lampedusa)의 소설 『표범Il Gattopardo』의 유명한 대목에서 팔코네리(Falconeri)는 이렇게 말한다. "사물을 지금 그대로 유지하려면 사물을 바꿔야만 합니다."

바라건대 지금쯤이면 **신에 대한 소개**를 신이란 누구 또는 무 엇인가라는 물음으로 시작하는 이유가 분명해졌으리라. 가장 단도직입적인 답변은 '신'이란 사람들이 어떤 궁극적이고 절 대적인 실재에 대해 말하고자 할 때 사용하는 낱말이라는 것 이다. 서로 다른 종교들은 그 궁극적인 실재를 서로 다른 방식 으로 식별하고 묘사할 테지만, "인간 지성의 영역을 넘어서는 무한한 신비"인 그런 실재가 있다고 믿는다는 점에서는 적어 도 같은 입장일 것이다.

사정이 이러하니 누군가는 종교가 그저 같은 목적지로 나 아가는 다른 길들이라고 결론 내릴지도 모른다. 그렇지만 그 길들이 반드시 같은 목적지로 이어지는 것은 아니라는 문제 가 있다. 길은 바로 길인 까닭에 잘못된 방향으로 나아갈 수 있다. 종교는 너무나 모순되고 흔히 서로를 배제하는 방식들 로 신에 대해 말하다가 전쟁과 분쟁, 박해를 초래해왔다.

따라서 **신에 대한 소개**는 상이한 종교 집단들이 저마다 다르 고 대개 상충하는 신에 대한 믿음을 어떻게, 그리고 왜 형성해 왔는지를 세심히 살펴봐야 한다. 세계 주요 종교들의 믿음과 실천은 먼 과거에 형성되었다. 그런 믿음과 실천이 얼마나 전 개되고 변화되었든 간에, 그것들이 과거로부터 문헌과 전통을 통해 **권위와 함께** 물려받은 유산을 해석하고 적용한 산물이라는 점은 변하지 않는다. 오늘날 사람들이 신에 관해 믿는 바를 이해하려면, 과거의 형성기에 놓인 토대를 이해해야 한다. 따라서 이 책에서 세계 종교를 다루는 장들은 머나먼 옛날 가나안과 인더스 계곡에서 시작한다.

그렇다면 신은 누구 또는 무엇인가?

제1장에서는 철학자들과 신학자들이 신중하고 정확한 언어로 이 물음에 답하려 애쓴 방식들을 살펴본다. 그에 반해 시인들과 신자들은 기도하고 경배하면서 신에 **대해** 말하고 신에게 말하기 위해 한결 생생하고 묘사적인 언어를 사용한다. 두 '언어'는 서로 어떻게 연관되는가? 그리고 두 언어는 우리에게 진리를 전하는가? 제1장에서 이 물음은 신을 둘러싼 주요한 찬반 논증들에 관한 고찰로, 그리고 그 논증들이 결정적인 입증이 아니라 대개 개연성 판단으로 귀결되는 이유에 관한 고찰로 이어진다.

제2장에서는 사람들이 신을 믿는 이유에 주목하여 그 이유로 제시된 다양한 답변들을 살펴본다. 많은 신자들은 인생과 경험에서 신의 영향력을 중시한다. 그런 다음 그 경험이 무엇을 의미하고 신경과학의 최신 연구와 어떻게 연관되는지를 탐구한다.

제3, 4, 5장과 6장에서는 이 모든 것이 종교 생활과 실천에서 무엇을 의미하는지 확인하기 위해 특정한 종교들을 더 상세히 살펴본다. 작은 책으로 신에 대한 모든 믿음과 세계의 모든 종교를 요약할 수는 없는 노릇이다. 그 대신 두 종류의 종교, 이른바 아브라함의 종교들(유대교, 그리스도교, 이슬람교)과 인도의 종교들을 더 자세히 들여다볼 것이다. 각 경우에 초점을 맞출 부분은 첫째로 신에 대한 상이한 특징짓기와 묘사가 확립된 과정이고, 둘째로 각 종교의 근간을 이루는 최초의 특징짓기가 초창기부터 전개되고 변형되기 시작한 방식이다. 역시 지면이 부족한 탓에 후대의 전개는 기술하지 못하고 참고문헌을 제시하는 정도로 그친다. 이 책은 종교의 역사가 아니고 그럴 수도 없다. 마지막 장에서는 핵심 물음인 "신은 어떻게 알려질 수 있는가?"를 제기한다.

전자법에 관하여

이 책에서 다른 언어들을 옮겨 적는 전자법(轉字法)은 정확하지 않다. 예를 들어 이 책은 인용문을 빼면 발음 구별 부호를 전혀 쓰지 않는다. 일례로 Śiva를 Shiva로 표기한다. 아랍어에는 특정한 문제가 있다. 영어의 'the'에 해당하는 아랍어 정관사는 al이며 명사 앞에 붙는다. 예컨대 'the house'는 아랍어로 albait다. 아랍어를 전자할 때 널리 쓰이는 관행은 al과 뒤따르는 명사 사이에 옆줄을 집어넣어 al-bait로 적는 것이다. 그렇지만 이 관행은 도움이 되지 않고 혼란을 일으킨다. 아랍어 자모는 '태양문자'와 '달문자'로 구별되고, 14개 태양문자로 시작하는 명사 앞에 al이 붙으면 al의 l과 명사의 첫 문자의 발음이 동화된다는 사실을 무시하는 관행이기 때문이다. 예컨대 아랍어에서 '태양'은 alshams가 아니라 ashshams로 발음된다. 아랍어를 아는 저자들은 (예컨대 이 책 말미에 실린 참고문헌의 저자들 중 한 명인 치틱Chittick처럼) 이 구별을 존중하지만, 그러자니 색인의 알파벳 순서에 문제가 생긴다. 그래서 나는 유익하지 않은 관행과 아랍어를 제대로 존중하는 표기법 사이에서 타협책을 택했다. '태양문자'의 경우 정관사와 명사 사이에 옆줄을 넣었고(예컨대 al-shams), '달문자'의 경우 아랍어 용법에 따라 정관사를 명사에 바로 붙였다(예컨대 alQuran). 그런 이유로 예컨대 메카의 두 여신은 알웃자(alUzza)와 알-라트(al-Lat, l은 '태양문자' 중 하나다)로 표기한다.

제 I 장

신은
존재하는가?

흰토끼가 안경을 쓰고서 물었다. "어디서부터 시작할까요, 폐하?"
"처음부터 시작해라." 왕이 근엄하게 말했다. "끝까지 다 읽은
다음 멈추어라."

이에 반해 우리는 거의 정반대로 해야 한다. 다시 말해 우리
는 끝에서 시작해서 멈출 때까지 나아간 다음 그것이 결국 시
작에 지나지 않음을 확인할 것이다.

그러니 우선 끝에서 시작하자. 신을 소개받기에 앞서 우리
가 누구 또는 무엇을 소개받을지 대강 알고 있으면 큰 도움이
될 것이다. 그렇다면 신은 누구 또는 무엇인가?

신에 대해 말하기: 철학자와 시인

인류의 장구한 역사를 거치는 동안 무수한 답변들이 나왔다. 그중 일부는 희생과 경배 같은 실천적 방식으로, 다른 일부는 신학과 철학 같은 반성적 방식이나 예술과 음악 같은 상상적 방식으로 표현되었다. 우리 개개인에게는 벌써 생각해둔 답변이 있을 것이고, 개중에는 신은 존재하지 않으므로 아무것도 아니라는 답변이 있을지도 모른다.

그 특정한 답변(신은 존재하지 않는다)은 신학과 철학이라는 반성적인 방식이 생겨난 한 가지 이유다. 철학자와 신학자는 신에 대한 물음들에 답했다. 그중에는 "신은 존재하는가?"만이 아니라 "신이 전능하고 모두를 사랑한다면, 고통과 악이 이토록 많은 이유는 무엇인가?"라거나 "신이 전지하다면(내가 선택하는 것을 포함해 모든 것을 안다면), 결과가 이미 알려져 있어도 내가 진짜 '선택'을 하는 것인가?" 같은 물음도 있다.

다른 물음도 많다. 신은 인격인가? 신은 기도에 응답하는가? 그렇다면 어떻게 하는가? 신은 하나인가 여럿인가? 그렇지만 근본적으로 철학자와 신학자는 신이 진정으로 신이려면 어떠해야 하는지—우주가 신에게서 생겨나야 하고, 신에 의해 유지되어야 한다—를 밝히려 애쓴다. 그 모든 일을 하는 신, 사람들이 그토록 오랫동안 수많은 방식으로 바쳐온 희생과 경배에 진정으로 값하는 신은 어떠해야 하는가?

거듭 말하건대 종교의 오랜 역사에서 신은 갖가지 방식으로 묘사되었고, 낱말 '신'에는 갖가지 의미가 있었다. 신은 "생각할 수 있는 그 무엇보다도 위대한 것", "어디에나 원심(圓心)이 있고 어디에도 원주가 없는 원"으로 정의되었다. 이와 정반대로 여배우 제인 러셀(Jane Russell)은 신을 "살아 있는 인형 같은 여자, 바르고 착한 남자"로 묘사했고, G. K. 체스터턴(Gilbert Keith Chesterton)은 이렇게 썼다.

어떤 이들은 신이 왕관을 쓰고 곱슬 수염이 수북한
구트룸(Guthrum)과 비슷하다고 보지만,
나는 힘들여 세상을 떠받치는
선량한 거인과 비슷하다고 본다.

소년 시절에 아우구스티누스(가톨릭 주교이자 교부, 서기 354~430)는 신에게 기도할 때 신이 "우리의 감각에 뚜렷하진 않지만 우리 말을 듣고 우리를 도울 수 있는 어떤 커다란 존재"라고 생각했다. 이처럼 신은 인간적 관점에서 우리 자신과 아주 비슷하지만 훨씬 높은 수준에 있는 누군가—예컨대 어머니 또는 왕—로 묘사되곤 했다. 이는 놀랄 일이 아니다. 신을 달리 어떻게 상상할 수 있었겠는가? 프랑스 철학자 몽테스키외(Montesquieu, 1689~1755)는 일찍이 삼각형들에 신이 있다면 그 신에게는 세 변이 있을 거라고 말했으며, 비슷한 시대를 살았던 볼테르(Voltaire, 1694~1778)는 「창세기」 1장 27절("〔하느님께서는〕 당신의 모습대로 사람을 지어내셨다")에 대해 "신은 자기 모습대로 인간을 지어냈고 인간은 그 이상으로 답례했다"라고 논평했다.

이제껏 철학자와 신학자의 주된 소임 중 하나는 이런 묘사들이 과연 어느 정도나 충분한지, 그리고 어디가 불충분한지 검토하고 따지는 것이었다. 더 적극적으로 말하면, 그들은 신이 "우리와 아주 비슷하되 조금 더 큰 누군가"가 아님을 깨닫고서 그렇다면 신은 어떠해야 하느냐고 물어왔다. 수천 년간 그들은 우리가 신에 대해 진실하게 또는 (논리와 논증에 입각해서) 타당하게 말할 수 있는 것이 무엇이냐는 쟁점을 제기해왔다.

그 결과 그들은 '신'이라는 낱말에 진정으로 중요한 의의를 부여하는 신의 정의들을 내놓게 되었다. 물론 신을 신이게 하는 정의들은 신의 존재를 입증하지 못한다. 그럼에도 그 정의들은 신에 관한 인간의 엄격한 사유의 자취를 보여주고, 또 적어도 여기서 소개하려는 신을 대강 짐작하게 해준다는 점에서 중요하다.

이런 이유로 이 책은 철학과 신학의 오랜 역사가 이제까지 도달한 최종 지점에서 시작한다. 그 출발점에서 우리는 오래도록 이어져온 신에 대한 지적·반성적 대응의 역사를 조망할 수 있다. 우리가 말하려 애쓰는 신은 대체 무엇일까? 현대 철학자 리처드 스윈번(Richard Swinburne)은 이 물음을 조금 다르게 표현했다.

신이 있다는 주장을 어떻게 이해해야 할까? 나는 (임시로) 이렇게 이해할 것을 제안한다. 본질적으로 형체가 없고, 어디든 편재하고, 우주가 어떠하든 그 우주의 창조주이자 보존자이고, 완벽하게 자유롭고, 전지전능하고, 완벽하게 선하고, 도덕적 의무의 원천인 어떤 인격이 필연적으로 영원히 존재한다고.

그런데 이것이 우리가 결국에 도달할 지점이라면 정말로 거기에 이르고 싶은 마음이 드는가? 점토로 상을 빚고 꽃으로 장식하는 인도의 마을 주민들, 매일 다섯 번씩 메카를 향해 돌아서는 무슬림들(사진 1 참조), 신생아의 혀에 꿀을 한 방울 떨어뜨리고서 아기의 귀에 물 만트라(Mul Mantra)라고 속삭이는 시크교도 어머니들은 철학자 및 신학자와는 아주 다른 이야기를 한다.

그런 사람들이 인류의 역사를 통틀어 절대다수를 점했고 지금도 점하고 있다. 그들에게 신은 그저 있는 분, 대개 극적이지 않은 방식으로 그들과 함께 존재하고 동행하되 간혹 아

1. 메카를 향해 매일 바치는 기도인 살라트는 무슬림이 설령 사막에 홀로 있더라도 지
켜야 하는 의무다. 기도문과 자세는 정해져 있다. 반절(루쿠ruku)은 "위대하신 알
라께 영광이 있을지어다"라고 (세 번) 말하면서 한다.

주 직접적으로 눈에 보이고 마주치는 분이다. 그들은 (신에 대해 지나치게 생각하지 않고도) 신이 고난을 헤쳐갈 힘과 도움뿐 아니라 삶의 의미와 목표까지 준다는 것을 깨달았다.

시인 레스 머리(Les Murray)는 시 한 편 안에 시라는 장르가 있듯이 세계 안에 신이 있다는 표현으로 신이 끊임없이 존재한다는 이런 의식을 포착하려 했다. 이와 비슷하게 (서기 7/8세기) 남인도의 시인 삼반다르(Sambandar)는 발언에 담긴 의미처럼 신이 세계 안에서 끊임없이 영향을 끼친다고 썼다. 그러나 여기서 철학자와 시인의 간극은 극히 넓어 보인다. 시인과 시편(詩篇) 작가가 "영광의 왕이 누구신가?"라는 물음에 내놓는 답은 철학자의 답과는 크게 다르다. "힘세고 용맹하신 야훼이시다. 싸움터에서 그 용맹을 떨치신 야훼이시다……. 영광의 왕은 만군의 야훼 그분이시다." 이렇게 생생한 신이 어떻게 철학자들의 신과 연관되겠는가? 어떻게 '본질적으로 형체가 없는 인격'이 전투에서 용맹하게 적을 치고 "힘센 왕들을" 죽일 수 있겠는가? 어떻게 (인도에서) 도덕적 의무의 원천이 시간의 파괴적인 에너지를 체화한 살기등등한 칼리(Kali) 여신처럼 배우자 쉬바(Shiva)를 도륙하고 그의 시체 위에서 벌거벗은 채 춤을 출 수 있겠는가? 프랑스의 철학자 겸 수학자 파스칼(Pascal, 1623~1662)은 신을 직접 경험했을 때 그것이 철학적 반성의 신과는 전혀 다른, 활활 타오르는 불과 같다고 느꼈다.

은총의 해 1654년……

밤 10시 30분경부터 12시 30분경까지,

불.

철학자와 학자의 하느님이 아니라

아브라함의 하느님, 이삭의 하느님, 야곱의 하느님.

확신. 확신. 감격. 환희. 평안……

파스칼에게 그가 경험한 신은 철학자들이 생각하고 쓰는 신과는 전혀 다르게 보였다. 그럼에도 이 책의 제목이 암시하는 것처럼 '신 소개받기'를 원한다면, 양자의 신을 어떻게 연관지을지 물어야 한다. 두루 주장하는 신 경험(불과 확신, 환희와 평안)과 철학자 및 신학자의 신중하고 사려 깊은 반성은 어떻게 연관되는가? 달리 말하면, 어째서 철학자들은 신이 "본질적으로 형체가 없는 필연적이고 영원한 인격"이라는 정의에 도달한 반면, 신자들은 신에게 고개를 숙이며 경배하고 기도하는 데 그쳤던 걸까?

양편을 가장 명확하게 연관짓는 사실은 신자와 철학자 모두 동일한 주제인 신에 대해 서로 다른 방식으로 말하면서 낱말과 언어를 사용한다는 것이다. 신자는 특정한 시공간에서 신에게 말하고 신에 대해 말하기 위해 사용 가능한 어떠한 낱말이든 가져다 쓴다. 심지어 일상에서 쓰는 낱말 외에 주문(呪

文)이나 그리스도교의 '방언(方言)' 같은 음성을 말하기도 한다. 철학자는 그런 낱말과 그 저변의 주장을 고찰하고, 그 주장이 무엇을 함축하는지 묻고, 그 주장을 보다 공정한 방식으로 진실하게 또는 타당하게 표현할 수 있을지 따져본다.

양편이 어떻게 연관될 수 있는지 보여주는 실례는 매우 다른 시공간에서 쓰인 두 편의 시로, 「시편」 제24편(위에서 인용한 물음 "영광의 왕이 누구신가?"의 출처)과 (7세기 남인도의 시인) 아파르(Appar)의 「마루마트 티루트 탄타캄Marumat tirut tantakam」이다. 두 편의 시는 생생하고 개성적이면서도 감정에 덜 좌우되고 더 추상적인 철학자들의 결론을 암시한다. 요컨대 양편을 모두 담고 있다. 「시편」 제24편은 이렇게 시작한다.

이 세상과, 그 안에 가득한 것이 모두 야훼의 것, 이 땅과 그 위에 사는 것이 모두 야훼의 것,
주께서 바다 밑에 기둥을 박으시고 이 땅을 그 위에 든든히 세우셨다.
어떤 사람이 야훼의 산에 오르랴? 어떤 사람이 그 성소에 들어서랴?
행실과 마음이 깨끗한 사람, 허망한 데 뜻을 두지 않고 거짓 맹세 아니 하는 사람,
이런 사람은 야훼께 복을 받고 하느님께 구원받을 사람이다.

이 구절은 (스윈번의 표현대로) "우주가 어떠하든 그 우주의 창조주이자 보존자이고, 완벽하게 선하고, 도덕적 의무의 원천"인 철학적·신학적 신에 대해 말하지만, 신을 경배하기 위해 예루살렘 성전까지 찾아가는 순례자들의 시적인 어휘로 말한다. 이와 비슷하게 아파르의 시 제7절은 '완벽하게 자유롭고, 전지전능하고, 완벽하게 선한 영원한 인격'인 신에 대해 말하지만, 신을 헌신적으로 사랑하는 사람들의 언어로 말한다.

> 우리의 유일한 의무는 즐겁게 노래하는 것
> 스스로 현현(顯現)하시는 그분의 영광을
> 움직이는 것과 가만히 있는 것으로
> 땅, 물, 불, 바람, 하늘로
> 작은 것과 큰 것으로
> 닿기 어려우면서도 찬미자들은 쉬이 닿을 수 있는 것으로
> 헤아릴 수 없이 위대하고 지고한 실재로
> 무한한 사다쉬바로, 당신과 나로 현현하시는.

낱말과 의미

요컨대 철학자와 신자는 신에 대한 무언가(후자의 경우 신에

게 무언가)를 말하기 위해 낱말과 언어를 서로 딴판으로 사용한다. 그런데 그들은 무엇에 대해 말하는가? 무언가를 가리킨다고 하면, 그들은 대체 무엇을 가리키는가?

그들이 우주에 있는 많은 사물들 가운데 어떤 **사물**을 가리켜 신이라고 말할 수 없다는 것은 분명하다. 신이 모든 **사물**의 창조주 겸 보존자라면, 이 우주든 다른 어떤 우주든 모든 우주의 창조주 겸 보존자라면, 신은 피조물의 일부일 수 없다. 신은 우주의 수많은 대상들 가운데 하나가 아니다.

이는 희귀 동물을 검사하듯이 신을 검사할 수도, 낯선 이를 소개받듯이 신을 소개받을 수도 없음을 의미한다. 켄트 지방의 메이너 농장에 머물게 된 픽윅 씨(찰스 디킨스의 소설 『픽윅 페이퍼스The Pickwick Papers』의 등장인물—옮긴이)의 사례를 생각해보자.

오래된 응접실에 모여 있던 손님 몇 명이 자리에서 일어나 막 도착한 픽윅 씨와 그의 친구들을 맞았다. 온갖 격식을 차려가며 서로를 소개하는 의식을 거행하는 동안 픽윅 씨는 느긋하게 자신을 둘러싼 사람들의 외모를 관찰하고 성격과 직업을 추측했다—다른 많은 위대한 인물들처럼 그도 그렇게 추측하기를 즐겼다.

신은 이런 식으로 겉모습을 관찰하고 알아볼 수 있는 손님

이 아니다. 당신과 내가 지금 우연히 여기에 있을지라도 내일은 다른 곳에 있을지 모르는 것처럼 신이 오늘 여기에 있다가 내일이면 떠나가는 것도 아니다. 전문용어를 사용하자면 우리는 **우연적** 존재로서 시공간의 일부이지만, 신이 모든 우연적인 것의 근원이라면 신은 우연적이지 **않다**. 신은 그저 있다.

신이 그저 있어야만, 그리고 우리와 달리 신이 특정한 시공간에 속하지 않아야만, 신으로부터 시공간(실은 만물)이 생겨날 수 있고 신에 의해 시공간이 유지될 수 있다. 신이 신이려면 존재하는 모든 것을 생산하되 그 자신은 생산되지 않아야 한다. 아퀴나스(Aquinas, 1225~1274, 그리스도교 철학자 겸 신학자)는 이렇게 말했다. "하느님을 존재자들의 영역 바깥에 존재하면서 온갖 형태로 존재하는 만물을 생겨나게 하는 근원으로 생각해야 한다."

이 논증에서 따라 나오는 진지한 결론은 신이 **존재하지 않**는다고 말해야 한다는 것이다. 신이 존재한다면, 우리로서는 존재할 수도 존재하지 않을 수도 있는 사물들 사이에 신의 위치를 정해야 할 것이기 때문이다. 이런 이유로 키르케고르(Kierkegaard, 1813~1855, 현대 실존주의의 아버지로 평가받곤 하는 덴마크 철학자)는 "신은 존재하지 않는다, 신은 영원하다"라고 말할 수 있었다.

이와 반대로 우리는 신만이 진정으로 존재한다고 말할 수도 있다. 모든 피조물은 시간 속에 잠시 존재할 뿐 시간 밖에서는 실재하지 않기 때문이다. 다시 말해 피조물은 생겨났다가 없어진다. 피조물은 다른 원인에 의해 생겨나고 존재하지만, 신은 결코 어떤 다른 원인으로 말미암아 존재하지 않는다.

여기에 피조물과 신을 가르는 중요하지만 어려운 차이가 있다. 모든 우연적 존재(인간이나 햄스터 같은)의 경우, 우리는 인간이 본질적으로 무엇인지 알 수 있으므로 인간과 햄스터를 구별할 수 있다. 그러나 **본질**을 안다고 해서 특정한 인간이 우연히 **존재**할지 말지 아는 것은 아니다. 우리는 유니콘이나 피닉스가 무엇을 의미하는지 알지만(즉 그것들이 본질적으로 무엇인지 알지만), 그렇다고 해서 특정한 피닉스나 유니콘이 실제로 존재하는 것은 아니다.

그에 반해 신이라는 것은 적어도 그 정의에 따르면 존재한다는 것이다. 신이 신이려면, 존재하는 만물의 생산되지 않은 생산자이려면, 다른 어떤 사람이나 사물에 의지하여 존재해서는 안 된다. 바꾸어 말하면, 신은 다른 어떤 사물이나 존재로부터 유래하여 존재하는 것이 아니라 반드시 본질상 그저 있어야 하며, 그 본질이 신의 정의(그리고 현실성)에 논리적으로 속해야만 한다.

이 논증에 근거해서 보면 신자들이 '신을 믿는' 것에는 분명히 일리가 있다. 신만큼 믿을 만한 것은 없기 때문이다. 예를 들어 무슬림이 신을 믿고 낱말 '이슬람'이 뜻하는 순종과 안전의 상태로 들어설 때, 그들은 이 우주 또는 다른 어떤 우주가 우연히 생겨나든 사라지든 상관없이 그저 있는 신에게 자신을 맡기는 것이다. 달리 말하면, 그들의 '안전'은 보존하되 보존받을 필요가 없는 신에게 달려 있는 까닭에 취약하지 않다. 신은 이 우주를 포함해 어떤 우주든 **초월한다**(즉 신은 초월자다). 꾸란 6장 14절은 이 점을 신자들에게 환기시킨다.

일러 가로되 내가 알라를 제쳐두고 다른 것을 나의 보호자로 삼는단 말이오? 그분은 하늘과 땅을 창조하셨으며 우리에게 양식을 베푸시나 당신은 양식이 필요치 아니한 분이시라.

그러나 창조주로서의 신이 그토록 세상을 초월하고 모든 피조물과 그토록 뚜렷이 구별된다면, 대체 우리가 어떻게 신에 대해 말할 수 있겠는가? 철학자와 신학자는 '신'이라는 낱말을 통속적이지 않은 적절한 의미로 사용하려면 신이 어떠해야 한다고 정의하려 애쓸 것이다. 그런데 그렇게 정의한 다음 신이 창조주라고 말할 때, 우리는 유대교와 그리스도교의 성서에서 말하는 것처럼(「이사야서」 64:8, 「욥기」 18:6, 「로마인들에게 보내는 편지」 9:21) 하느님이 옹기를 만드는 옹기장이와 비슷하다는 뜻으로 말하는 걸까? 이 묘사를 문자 그대로 받아들이면, 이는 하느님이 물레 앞에 앉아서 점토로 옹기를 만들 듯이 지구를 빚어낸다는 의미를 함축할 것이다. 그러나 그런 하느님은 우리처럼 몸과 손으로 사물을 만드는 유한하고 우연적인 존재일 것이다.

(앞에서 인용한) 꾸란에서 알라께서 하늘과 땅을 '창조'했다고 말할 때 여기에 쓰인 아랍어 동사는 파타라(fatara)다. 이 동사는 '그는 쪼개서 열었다', '그는 무교병을 구웠다', '그는 엄지와 검지로 암양의 젖을 짰다', '그는 아침을 먹었다' 등을 의미할 수 있다. 이 가운데 어떤 의미도 하늘과 땅을 창조한 알라에게 문자 그대로 적용할 수 없다.

그러므로 우리가 세상을 살아가며 사용하는 낱말들을 정확히 같은 방식으로, 또 정확히 같은 의미로 신과 관련지어 사용할 수는 없다. 신을 가리키기 위해 우리가 일상에서 사용하는 낱말들을 **단의(單義)로** 사용할 수는 없는 것이다.

그럼에도 우리가 신에 대해 사용하는 낱말들은 일상생활의 낱말들과 **어떤** 연관성이 있어야만 한다. 그렇지 않으면 전자의 낱말들이 무엇을 의미하는지 알 수 없기 때문이다. 연관성이 없다면, 예컨대 영어 단어 '하이드(hide)'를 동물의 가죽이라는 의미와 은신처라는 의미로 사용하는 것처럼, 낱말들을 완전히 다른 두 의미로 쓰게 될 것이다. 이 예에서 '하이드'는 서로 연관성 없는 두 가지 **다의(多義)로** 쓰인 것이다.

신에 대해 단의로도 말할 수 없고(창조주, 만물의 생산되지 않은 생산자는 필연적으로 모든 피조물과 다르기 때문에) 다의로도 말할 수 없다면(창조주를 가리키는 낱말들의 의미를 피조물이 이해할 수 없을 것이기 때문에), 대체 신에 대해 어떻게 말할 수 있을까?

신에 대해 말하기: 유비, 전능, 전지

고전적인 답변은 유비(類比)를 통해 신에 대해 말할 수 있다는 것이다. 창조는 창조주가 의도하고 유지하는 결과라는 의미에서 창조주와 창조 사이에는 연관성이 있다. 예컨대 교량이 강하다, 헤비급 권투 선수가 강하다, 맥주가 강하다라고 말할 수 있다면, '신이 전투에서 강하고 용맹하다'라는 말의 함의를 유비를 통해 이해할 수 있다. 이 주장은 신이 도수 높은 술(단의)이라거나 '강함'에 대한 우리의 다채로운 이해(다의)와 신의 강함 사이에 아무런 연관성도 없다고 말하는 것이 아니다. 오히려 강함에 대한 인간의 다양한 이해를 숙고하여 신의 '전능'에 대한 약간의 통찰을 얻을 수 있다고 말하는 것이다. 신은 강하지만 우리가 우리 자신이나 우주의 대상들이 '강하다'라고 말할 때와 정확히 같은 의미로 강한 것은 아니다. 신이 전능하다는 주장은 신이 **논리적으로** 가능한 일(예컨대 물리적-논리적으로 가능한 일, 또는 논리적으로 가능만 하다면 어떤 일이든)이라면 무엇이든 할 수 있으나 신이라 해도 네 변을 가진 삼각형을 창조할 수는 없음을 의미한다.

기적은 이 주장과 모순되는가? 기적을 논리적으로 가능하지 않지만 그럼에도 일어나는 현상이라고 정의할 경우에만 그러하다. 물론 그런 불가능한 기적에 대한 이야기들이 있지만 어디까지나 이야기이고, 사실만큼이나 픽션을 통해서도 진실을 전할 수 있으므로—설령 시인 조지 허버트(George Herbert)의 표현대로 픽션이 "두 걸음 떨어져 의미를 파악한다"할지라도—그런 이야기가 유익할 수도 있다.

그렇지만 현상이 아닌 낱말 '기적(miracle)'은 '경탄하다', '깜짝 놀라다'를 뜻하는 라틴어 낱말 미로르(mirror)에서 유래했다. 그런 의미의 기적적인 일은 많이 있으며, 신이 인간보다 훨씬 먼저 기적적인 일을 '전능하게' 할 수 있다는 것은 분명히 참이다. 치료가 좋은 예다. 과거에 당대인들이 치료가 불가능하다고 생각했으나 신이 치료했다고 전해지는 병을 지금은 수술과 약으로 치료하는 경우가 흔해졌지만, 과거의 치료는 우리의 감탄과 놀라움을 자아낸다는 의미에서 여전히 기적적이다—물론 그런 치료를 당연시하는 사람에게는 그리 놀랍지 않겠지만.

이와 비슷한 고찰을 '전지(全知)'에도 적용할 수 있다. 신은 불임 여성의 아들 이름(제6장에서 인용할 사례)처럼 알기가 불가능한 것은 아무것도 알 수 없다. 더 현실적인 다른 예를 들자면, 양자역학 이후 세계에서는 미래의 어떤 사건에 관해 확률 외에는 알 수 없다. 이 믿음은 현재를 토대로 미래를 (적어도 원리상) 예측할 수 있다는 뉴턴역학 이후의 믿음과 상반된다. 만지트 쿠마르(Manjit Kumar)의 말마따나 "뉴턴적 우주는 우연의 여지가 전혀 없는 순전히 결정론적인 우주다…… 모든 것이 자연법칙에 따라 펼쳐지는 결정론적 우주에서 확률은 인간의 무지의 소산이었다."

얼마 전까지도 '확률'은 우리의 일시적인 무지를 가리는 덮개 정도로 간주되었고, 과학이 발전함에 따라 확실성이 확률을 대체할 것으로 보였다. 사람들은 전지적 존재가 우주의 현재 상태와 모든 원자의 운동량을 알고 있고, 따라서 미래의 모든 결과를 예측할 수 있다고 믿었다. 토머스 헉슬리(Thomas Huxley, '다윈의 불독Darwin's bulldog', 1825~1895)는 존 틴들(John Tyndall)에 대해 이렇게 썼다.

그가 제일 좋아하는 문제는, 양갈빗살을 이루는 분자들 간의 힘을 알아내 그로부터 햄릿이나 파우스트를 연역하는 것이다. 그는 미래의 물리학이 이 문제를 쉽게 풀어내리라 확신한다.

뉴턴적 세계에서는 과학의 진보를 통해 성취하는 확실성이 무지를 내쫓고 확률에 대한 잠정적 어림짐작을 몰아낼 것으로 예상되었다. 그러나 이제는 사정이 달라졌다. (양자역학 이후 세계에서는) 분명히 신도, 아울러 미래 예측에 관한 한 어떠한 슈퍼컴퓨터도 **확률**을 없애지 못한다. 확률이 이 우주에 본래부터 내재하고, 따라서 미래의 자유로운 행동을 알기란 불가능하기 때문이다. 리처드 파인먼(Richard Feynman)의 "양자역학의 제1원리들" 가운데 하나는 "예측할 수 있는 단 한 가지는 상이한 사건들의 확률"이라는 것이다. 이런 이유들 때문에 신이 전지하다는 것의 의미가 다음과 같이 더 정확하게 정의되었다.

신보다 인식력이 뛰어난 존재가 있을 수 없고 신이 그 능력을 완전히 발휘해야만…… 신의 인식력을 능가할 수 없고 신이 그 능력을 완전히 발휘해야만, 신이 미래의 자유로운 행동을 모른다고 해도 신의 전지성이 손상되지 않는다.

두 가지 예(전능과 전지) 모두 신에 대해 말할 수 있게 해주는 유비의 아주 한정적인 조건을 잘 보여준다. 그런 유비로는 두 종류가 있다. 첫째, 한 사물에 적용하는 낱말을 다른 사물에도 적용하는 유비다. 예컨대 어떤 사람이 '건강하다'라고 말한

다음 '건강하다'라는 낱말을 은행 잔고에 적용하는 식이다. 엄밀히 말하면 살아 있는 유기체만이 건강할 수 있지만, 우리는 은행 잔고가 '건강하다'라고 말할 때 그 낱말이 무엇을 의미하는지 알고 있다(이런 유비를 전문용어로 '속성의 유비'라고 한다).

둘째 종류는 한 낱말을 두 가지 경우에 서로 다른 방식으로 적용하는 유비다. 예컨대 어떤 사람과 식물이 각기 '생활한다'라고 말하는 식이다. 사람과 식물 둘 다 생활하는 것은 맞지만, 그 의미가 두 경우에 똑같은 것은 아니다. 둘 다 생활과 관련된 특성을 가지고 있지만, 그 특성을 각자의 본성과 연관하여 또는 비례하여 가지고 있다(이런 유비를 '비례의 유비'라고 한다).

무신론

두 유비 모두 신에 적용할 수 있다. 그러나 주의해서 적용해야 하고, 그러지 않으면 이의 제기와 반론에 부딪히기 십상이다. 예를 들어 신은 사랑이지만 그 사랑이 우리가 이해하는 사랑과 정확히 같지는 않다고 말한다면, '정확히 같지는 않다'의 의미 폭이 너무 넓어서 '신은 사랑이다'라는 말이 무의미해질지도 모른다. 철학자 앤터니 플루(Antony Flew)는 그런 상황을 "천 가지 조건에 의한 죽음"이라고 불렀다.

누군가 우리에게 아버지가 자녀를 사랑하듯이 신이 우리를 사랑한다고 말한다. 우리는 안심한다. 그런데 목 부위에 수술이 불가능한 암이 생겨 죽어가는 아이가 우리 눈앞에 있다. 지상의 아버지는 도움을 구하고자 정신없이 애쓰지만, 천상의 아버지는 걱정하는 기색을 분명하게 드러내는 법이 없다. 어떤 조건—신의 사랑은 '한낱 인간적인 사랑이 아니다'라거나 '헤아릴 수 없는 사랑'이라는 식으로—이 붙고, 우리는 그런 고통과 "신은 우리를 아버지처럼 사랑한다(그러나 물론 어쩌구저쩌구……)"라는 주장의 진실성이 충분히 양립 가능하다는 것을 깨닫는다. 우리는 다시 안심한다. 그런데 그렇게 안심하다가도 의문이 생길 것이다. (적절한 조건을 갖춘) 신의 사랑에 대한 이 확신에 어떤 가치가 있는가? 우리가 "신은 존재하지 않는다"라고 말하고픈 (도덕적으로 그릇된) 유혹을 느끼는 데 그치지 않고 그렇게 말할 (논리적으로 옳은) 자격까지 갖추려면 어떤 일이 일어나야 하는가?

플루에 따르면 신에 대한 주장들이 조건을 너무 많이 붙이는 탓에 '신'이 체셔고양이의 미소처럼 사라지고 만다(체셔고양이는 루이스 캐럴의 소설 『이상한 나라의 앨리스』에 나오는 고양이로, 이 고양이의 미소는 허공에서 잔상을 남기며 서서히 사라진다—옮긴이). "이처럼 세세하고 경솔한 가설은 아주 조금씩, 천 가지 조건에 의한 죽음을 맞을 것이다." 목욕물을 한 컵씩 비우면 물이 별로 줄지 않는 것처럼 보여도 결국에는 욕조가 텅비는 법이다.

사정이 이렇다면 신에 대해 유의미한 무언가를 말하기가 아예 불가능해 보일 것이고, 그런 이유로 어떤 이들은 무신론자(atheist, 그리스어로 신을 뜻하는 theos에 부정접두사 a를 붙인 낱말로, '신이 없는 사람'을 의미)가 되는 것이 유일한 선택지라고 결론 내릴 것이다. 플루가 정확히 그런 결론에 이르렀다. 플루는 저서 『무신론 추정The Presumption of Atheism』에서 '신'의 정의에 부합하는 대상이 (설령 이론상으로만 가능할지라도) 실제로 존재할 수 있도록 낱말 '신'을 정의하거나 거기에 의미를 부여해야 한다고 주장했다. 신을 네 변을 가진 삼각형이라고 정의한다면, 우리가 아무리 많이 논증하더라도 그 정의에 부합하는 현실적 존재는 이론상으로도 생겨나지 못할 것이다. (당시) 플루를 비롯한 많은 이들의 견해에 따르면, '형체 없는 인격'이라고 정의하는 '신'은 현실적 존재보다 네 변을 가진 삼각형에 더 가깝다.

전통적으로 이해해온 신, 즉 전적으로 초월적인 존재로서의 신에 대해 낱말과 언어로 말하는 데 어려움을 겪은 많은 이들은 20세기 동안 그 전통을 포기하고 현세의 용어로 신을 재정의했다. 그중에서 줄리언 헉슬리(Julian Huxley, 영국 생물학자, 1887~1975)는 전통적인 신 이해를 옹호할 수 없다고 주장했다.

신 가설은 자연을 해석하거나 이해할 때 더이상 어떠한 실용적 가치도 없으며, 오히려 더 알맞거나 진실한 해석을 방해하곤 한다. 작용이라는 면에서 신은 통치자가 아니라 우주적 체셔고양이의 사라지는 마지막 미소를 닮아가기 시작하고 있다.

오늘날 지구가 평평하다는 것, 파리가 저절로 생겨난다는 것, 질병이 신의 징벌이라는 것, 혹은 죽음이 언제나 마녀술 때문이라는 것을 믿기가 불가능하듯이 조만간 교육받은 총명한 남녀가 신을 믿기가 불가능해질 것이다. 신들은 의심할 나위 없이 살아남을 테지만, 이따금 기득권의 보호 아래에서, 또는 게으른 정신들의 도피처에서, 또는 정치가들이 이용하는 꼭두각시로서, 또는 불행하고 무지한 영혼들을 위한 은신처로서 생존할 것이다.

또 디트리히 본회퍼(Dietrich Bonhoeffer, 1906~1945, 독일 루터교 목회자)는 신을 우주 밖에서 안으로 데려와 우리의 지식 또는 이해의 틈새—이른바 '틈새의 신'—를 설명할 수 있도록 "성년이 된 세계에서 그릇된 신 개념을 포기"할 것을 촉구했다. 그러나 본회퍼가 신을 포기하고 무신론자가 된 것은 아니다. 오히려 그는 '값진 제자의 길'의 참된 의미를 믿고 실천하다가 1945년 나치에 의해 처형되었다. 그는 우리가 모르는 것이 아니라 아는 것에서 신을 찾아야 한다고 주장했고, 신을 "삶의 한가운데에 있는 저 너머"로 정의했다. 우리가 닿지 못하는 천상의 초월적인 신이 아니라 여기 우리 한가운데에 거하는 신의 실질적인 의미를 찾아야 한다는 것이다. 초월성에 대응하는 용어로 말하자면, 우리는 신을 내재자(immanent, '안에 거하다', '머무르다'를 뜻하는 라틴어 in+manare에서 유래)로 인식해야만 한다.

신의 죽음: 초월성과 내재성

본회퍼의 선례를 따라 다른 이들도 제2차 세계대전 이후 '신은 죽었다'고 선언했다―비록 아시아에서 2000년도 더 전에 자이나교도와 불교도를 비롯한 많은 이들이 신의 죽음을 선포하긴 했지만. 서양에서는 니체가 1887년에 신의 죽음이 최근 사건이라고 말했지만, (키케로에 따르면) 그보다 오래전에 디아고라스[기원전 5세기 그리스의 철학자―옮긴이]가 순무를 삶을 땔감으로 쓰기 위해 헤라클레스 조각상을 토막낸 다음 신은 존재하지 않는다고 노골적으로 단언했다고 한다.

20세기에 '신의 죽음' 선포가 불러온 한 가지 결과는 내재성의 관점에서 낱말 '신'을 재정의한다면 그 의미가 무엇일지를 탐구한 것이었다. 예를 들자면 신의 초월성에 대한 전통적인 이해를 옹호하려 시도하는 대신, 사람들이 자연 또는 자연법칙을 우주에서 우리의 운명을 통제하는 독립적이고 전능한 힘으로서 경험하는 방식을 토대로 신의 의미를 재구성했다.

자연의 관점에서 신을 재정의하려는 시도는 17세기 과학혁명 초기까지, 그리고 특히 철학자 스피노자(Spinoza, 1632~1677)까지 거슬러올라간다. 스피노자는 '신'이란 유일무이한 무한한 실체이고 따라서 자연과 같다고 주장했다. "우리가 신 또는 자연이라 부르는 영원하고 무한한 존재"에 대한 이 견해는 보통 '신 또는 자연(Deus sive Natura)'이라는 표현으로 요약된다. 그러므로 이 견해는 범신론(pantheism, 그리스어 pan(모든 것)+theos(신)에서 유래)의 한 형태다. 스피노자는 신에 대한 다른 어떤 서술 못지않게 신을 내재자로 만드는 데 일조했다—그리고 유대교에서 근본적으로 구별하는 초월적 창조주와 피조물의 차이를 없앴다는 이유로 암스테르담의 유대교 회당에서 내쫓겼다. 그렇지만 그의 견해, 특히 외부에서 관찰하는 자연과 만물을 생겨나게 하고 펼쳐지게 하는 과정으로서의 자연을 구별하는 견해는 훗날 우주 안에서 '신'을 재정의하려는 시도들을 강력하게 추동했다.

과정에 초점을 맞추는 견해는 철학자 겸 수학자 A. N. 화이트헤드(Alfred North Whitehead, 1861~1947)의 저술의 토대가

되었다. 무신론으로 빠져들지 않고 우주 안에서 신을 재규정하려던 화이트헤드의 시도는 널리 영향을 끼쳤고, 실제로 과정 신학(Process Theology)이라 불렸다. 화이트헤드는 스피노자보다도 더 멀리 거슬러올라가 플라톤의 대화편 『티마이오스 Timaeus』의 구절 "모든 것은 언제나 생성과 소멸의 과정에 있으며 결코 참으로 존재하는 것이 아니다"에서 출발했다. 화이트헤드는 우주를 이루는 것은 영원히 존속하는 '객체들'이 아니라 상호작용하는 '경험의 계기들'이며, 그 계기들은 자기에게 가치를 부여하는 신의 실현을 지향한다고 보았다. 체계 전체는 신 안에 있으며(따라서 이 견해를 범신론과 대비해 '만유내재신론panentheism'이라 부른다), 신은 질서의 보증자이자 현실태들을 생겨나게 하고 결국 완성과 충족으로 끌어당기는 무한한 가능태다. 신은 모든 가능성을 완성으로 이끄는 인력, 또는 화이트헤드의 표현대로라면 '유혹'이다.

물론 내재성을 강조하는 견해가 20세기의 철학적 딜레마와 더불어 나타나기 시작한 것은 아니다. E. B. 타일러(Edward Burnett Tylor, 1832~1917, 인류학을 학문 분과로 정립한 핵심 인물)에 따르면, 애니미즘 형태의 내재성은 종교의 기원 그 자체다. 애니미즘(animism, '혼' 또는 '영'을 뜻하는 라틴어 anima에서 유래)은 초자연적 영이 자연의 모든 생물에 생기를 불어넣고, 다양한 의례―그중 다수는 오늘날까지 지속되고 있다―를 통해 인간과 초자연적 영이 상호작용할 수 있다는 믿음이다. 이런 이유로 타일러는 "애니미즘은 사실 미개인부터 문명인에 이르기까지 종교철학의 기초다"라고 주장했다.

종교의 기원에 관한 타일러의 추론이 타당해 보이진 않지만 애니미즘적 믿음은 분명 널리 퍼져 있다. 또한 그 믿음은 내재성이라는 테마의 변주가 어느 종교에서나 근본적이고 일부 종교에서는 다른 무엇보다 중요하다는 점을 상기시켜준다. 예를 들어 일본 신도(神道) 신앙의 카미(神)는 일본인들이 섬기는 신성하고 영적인 힘이지만 초월적인 의미의 신과 동일시할 수 없다(또는 초월적인 신으로 번역할 수 없다). '800만의 카미'는 우주 전체에 스며들어 있으며 물체와 사람에게 저마다 특유의 기능을 한다. 사람들은 신사나 가정에서 제사와 기도를 포함하는 여러 방식으로 카미와 상호작용하지만, 카미는 초월적 신의 현현으로서가 아니라 그 자체로 경배받는다.

이 두 사례(애니미즘과 카미)는 분명 전통적인 종교 세계 안에 머무른다. 그에 반해 '종교 없는 그리스도교'를 제창한 본회퍼는 전통적인 종교 언어를 세속(saeculum, '이 시대에 속하는' 또는 '현세')의 가치 있는 어휘로 번역하고자 했다. 파울 틸리히(Paul Tillich, 1886~1965, 독일 출신으로 미국에서 활동한 철학자 겸 신학자)는 이 주장의 유명한 옹호자였고, 특히 존 로빈슨(John Robinson)은 저서 『신에게 솔직히Honest to God』(1963)에서 틸리히의 견해를 인상적으로 표현하여 널리 알렸다. 틸리히는 낱말 '신'이 우리 삶의 절대적이고 흔들 수 없는 터전, 우리 존재의 기반, 가치와 삶의 의미를 대하는 우리의 진지함의 깊이를 가리켜야 한다고 주장했다.

모든 존재의 무한하고 고갈될 줄 모르는 이 깊이와 기반의 이름은 신이다. 그 깊이가 바로 낱말 신이 의미하는 것이다…… 신이 깊이를 의미한다는 것을 당신이 안다면, 당신은 신에 관해 많이 아는 것이다. 그럴 때 당신은 스스로를 무신론자나 비신자라고 부를 수 없다. "삶에는 깊이가 없어! 삶은 얄팍해. 존재 자체는 표면일 뿐이야"라고 생각하거나 말할 수 없기 때문이다. 이 말을 완전히 진지하게 할 수 있다면 당신은 무신론자일 테지만, 그렇지 않다면 무신론자가 아니다. 깊이에 관해 아는 그는 신에 관해 아는 것이다.

그런데 그 또는 그녀가 정말 그러한가? 전 세계적인 오랜 전통들에서 신과 인간의 관계를 개척하고 탐구한 위대한 인물들은 틸리히만큼이나 확신을 가지고서 우리 존재의 기반과 우리의 궁극적 관심사는 신이라고 말했지만, 그들이 발견한 진정으로 '흔들 수 없는 터전'은 우리 개개인과 훨씬 더 맞물려 있고 우리가 느끼는 깊이보다 훨씬 더 심오한 것이었다. 예를 하나 들자면, 얀 반 뤼스브룩(Jan van Ruusbroec, 1293~1381, 흔히 Ruysbroeck이라고도 표기한다)은 "성부는 우리가 존재와 삶을 시작하는 우리의 기반과 기원이다"라고 썼다. 차이점은 뤼스브룩이 '성부'라는 낱말로 관계, 즉 그가 말하는 '활동적 만남'을 (유비적으로) 가리켰다는 것이다. 그 만남이 뤼스브룩과 다른 많은 이들이 경험한 "사랑스러운 황홀감의 환희로운 포옹"이 되려면 말로는 도저히 묘사할 수 없는 신의 초월성이 문자 그대로 필수 불가결(sine qua non)하다. 다시 말해 신의 초월성이 없다면 그런 일은 **실제로 일어나는 대로** 일어날 수 없다.

한데, 이 활동적 만남과 이 사랑스러운 포옹은 근원적으로 환희로우며 특정한 형태를 띠지 않는다. 헤아릴 수 없고 모형이 없는 하느님의 존재는 삼위의 신성한 위격과 활동성과 속성 일체를 본질적 통일성의 넉넉한 포옹으로 자신 안에 아우를 정도로 지극히 캄캄하고 특정한 형태를 띠지 않으며, 그리하여 이 형언할 수 없는 심연 안에서 환희로운 즐거움을 주는 신성한 상태를 만들어낸다. 이곳에는 본질적인 벌거벗은 상태로 건너가는 환희로운 횡단, 스스로를 초월하는 황홀감이 있다…… 이곳에는 사랑스러운 황홀감의 환희로운 포옹 안에서 안식하는 영원한 상태 말고는 아무것도 없다. 이것이 열렬한 내면의 정신들 모두가 무엇보다도 먼저 선택해온 그 모형 없는 존재, 사랑하는 자들 모두가 길을 잃는 그 캄캄한 고요다. 그러나 내가 보여준 길들 안에서 우리가 덕행을 쌓으며 미리 준비한다면, 우리는 당장 육신을 벗고서 바다의 거친 파도로 흘러들 것이고, 어떤 피조물도 거기서 우리를 다시 빼내지 못할 것이다.

여기서 뢰스브룩은 잊을 수 없는 하느님 경험, 그저 사랑에 빠지는 것이 아니라 사랑 **안으로**, 사랑인 하느님 안으로 빠지는 경험, 모두가 초대를 받고 아무도 강요당하지 않는 경험에 대해 약간이나마 말하고자 무진 애를 쓰고 있다.

그러나 '형언할 수 없는'이나 '모형 없는 존재' 같은 표현은 우리가 말하는 신이 무엇이냐고 묻는 이들을 격분시킨다. 이런 이유로 플루는 (그의 표현을 쓰자면) "신 가설을 제기하는 사람은 여느 실존 가설을 제기하는 사람과 마찬가지로 우선 앞으로 사용할 특정한 신 개념을 설명한 다음 그 개념에 부합하는 대상을 어떻게 식별할지 보여주면서 시작할 수밖에 없다"라고 역설했다. 그리고 이런 이유로 우리는 신 개념을 분명하게 표현하는 방법들을 살펴보면서 이 책을 시작했다.

딜레마는 "앞으로 사용할 특정한 신 개념"을 제시하는 동시에 신이 신이려면 논리적 필연성에 따라 신을 초월자로 정의해야만 하고, 따라서 신은 우주의 뭇 대상들 중 하나일 수 없다고 주장할 때 생겨난다. 그러므로 신에 대해 단의로 말하는 것은 불가능하며, '형언할 수 없는', '완전히 이해되지 않는', '묘사를 넘어서는' 같은 표현들을 사용할 수밖에 없다.

그런데 이런 표현들을 도대체 왜 사용하는가? 순전한 초월자로서의 신 개념은 그저 '이해되지 않는' 개념이 아니라 '이해할 수 없는' 개념이라는 논증을 그냥 받아들이면 안 되는가? 이 물음은 플루가 제기한 다른 도전과 연관된다. 플루는 유신론자들을 뒷받침하는, 즉 신이 있다는 믿음을 뒷받침하는 **근거**가 무엇이냐고 물었다.

신이 있다고 믿으려면 그 믿음을 뒷받침하는 타당한 근거가 우리에게 있어야 한다. 그런 근거가 제시되지 않는다면 신을 믿을 충분한 이유가 없는 것이고, 유일하게 타당한 입장은 부정적인 무신론자 또는 불가지론자가 되는 것이다……

그런 "믿음을 뒷받침하는 근거"를 제시할 수 있을까? 분명 신을 지지하는 논증들은 과거만큼이나 현대에도 많이 제시되었다. 그러므로 플루의 질문은 다음과 같다. 그 논증들 중 어느 하나라도 신을 믿을 충분한 이유를 제시하는가?

신을 가리키는 논증들

과거의 고전적 논증들은 특히 인도의 우다야나(Udayana, 11세기경?)와 서양의 토마스 아퀴나스와 관련이 있다. 『니야야 쿠수만잘리Nyaya Kusumanjali』에서 우다야나는 (특히 불교의 반론에 맞서) 신은 존재하고, 만물의 생산되지 않은 생산자이고, 우주를 창조하고 유지하고 파괴하는 원인이라는 견해를 변호했다. 토마스 아퀴나스는 다섯 가지 신 존재 논증(요약한 형태인 '다섯 가지 길'—라틴어로 Quinque Viae—로 알려진)을 내놓았고, 그에 근거하여 이성이 논증의 인도를 받아 신이 있다는 **결론**을 알 수 있다고 보았다.

두 사람의 논증들 중 일부는 우주에 관한 숙고로부터 도출되었다. 그들은 서로, 그리고 우리와 아주 다르게 우주를 이해했지만, 그 차이는 그들 논증의 형식 또는 논리에 영향을 끼치지 않았다. 그들은 우주가 어떻게 생겨났고 어째서 지금처럼 유지되는지를 논리적·필연적으로 설명하려면 신이 필요하다고 주장했다('우주론적 논증'). 또한 우주 전체와 그 부분들은 설계자의 존재를 필요로 하는, 목적과 의도가 담긴 설계를 드러낸다고 주장했다('목적론적 논증', '끝' 또는 '목적'을 뜻하는 그리스어 telos에서 유래했으며 흔히 '설계 논증'이라 불린다). 존재론적 논증은 신이란 완벽한 존재라는 정의에서 시작해 그러므로 신은 틀림없이 존재한다는 결론으로 나아간다. 이런 논증들은 어떤 특정한 시대에 우주에 관해 알게 되는 지식과는 별 개다.

수백 년간 면밀하고 대개 격렬했던 논쟁을 겪으면서 도전 받고 수정되고 확장되었음에도, 이 논증들은 살아남았다. 그 리고 우리가 우주를 관찰하고 경험하는 방식들과 더욱 긴밀 히 연관된 다른 논증들도 제기되었다. 우주론적 논증과 존재 론적 논증에 더해, 스윈번은 신의 존재를 가리키는 관찰되고 경험된 현상들에 근거하여 네 가지 논증, 즉 의식과 도덕 논 증, 섭리 논증, 역사와 기적 논증, 그리고 종교적 경험 논증을 추가로 내놓는다.

얇은 입문서에서 오랫동안 이어져온 '찬반' 논증들의 전개 를 따라가거나 요약하기란 불가능하다. 그 논증들이 공유하는 믿음은 인간의 이성이 진리와 비진리를 분별할 수 있다는 것, 그리고 이성이 우리를 어떤 귀결로 이끌든 그 귀결을(따라서 찬반 논증들을) 받아들인다면, 그리고 그 논증들에 설득력이 있 다면, 신을 믿는 것이 합리적이라는 것이다(플루의 이의 제기). 신은 우주의 대상들 중 하나일 수 없음을 그 논증들이 분명하 게 밝힌 까닭에, 어떠한 논증도 우리가 관찰하고 묘사할 수 있 는 무언가 또는 누군가로서의 신을 도출하지 못한다. 논증은 메이너 농장에서 픽윅 씨가 낯선 이들의 '외모를 관찰'하는 식 으로 관찰하고 묘사할 수 있는 신을 도출할 수 없다. 그럼에도 논증은 이제껏 논박된 적이 없는 논리적 결론을 받아들이는 편이, 그리고 우주와 우리 서로에 대한 관찰과 경험은 우주와 인간의 발생을 더 개연성 있게 또는 더 그럴듯하게 설명하는 요인으로 신을 가리킨다는 것을 받아들이는 편이 합리적인 이유를 보여줄 수 있다.

관찰과 추론

우리가 우주와 서로를 관찰하고 경험하는 것에 기반하는 논증들은 무엇이 그 관찰과 경험을 가장 그럴듯하게 설명하는지를 추론하거나 시사한다. 그런 논증을 전문용어로 귀추법(歸推法)이라고 한다. 일반인이 큰 관심을 보이기엔 너무 멀고 전문적인 이름으로 들릴지 모르겠다. 그러나 사실 '귀추법'은 비단 과학만이 아니라 우리의 일상생활에서도 피할 수 없을 만큼 중요하다.

우선 과학을 살펴보자. 과학은 경험적 관찰과 검증에(우리가 실제로 관찰할 수 있는 것과 반복 가능한 실험에) 근거를 둔다는 주장이 흔히 제기된다. 어느 선까지는 옳은 주장이다. 그러나 과학은 그 선을 넘어가야 하는데, 그저 '보기'만 해서는 과학자들이 묻는 온갖 질문에 답할 수 없기 때문이다. 과학은 알고 있는 것과 지금껏 관찰한 것에 근거하여 자주 무언가를 '귀추적으로 추론'(라틴어로는 'A에서 B로 끌고 간다'는 뜻의 ab+ducere)해야 한다. 그럴 때 '귀추적으로 추론'한 것이 무엇이든 그것을 발견하거나 확증하고자 시도할 수 있다. 고전적인 사례는 요하네스 케플러(Johannes Kepler)가 경험적으로 관찰한 화성 운동의 불규칙성에 근거하여 화성의 타원형 궤도를 귀추적으로 추론한 방식이다. 이 못지않게 극적인 사례는 2012년 7월, 일찍이 1964년에 입자들의 질량을 설명하기 위해 추론했던 힉스 보손(Higgs boson, 원래 물리학자 리언 레더먼 Leon Lederman이 '빌어먹을 입자goddamn particle'라는 별칭을 붙이려 했으나 출판사 발행인의 반대에 부딪혀 유해하고 오해를 부르는 '신의 입자god particle'라는 별칭이 붙었다)의 증거를 발견했다는 발표다. 이 입자의 '보손'이라는 이름은 또다른 사례를 가리킨다. S. N. 보스(Satyendra Nath Bose, 1894~1974)는 걸출한 물리학자로 경력 초기에 양자역학에 관한 논문(아인슈타인의 인정을 받았다)을 써서 보스-아인슈타인 통계로 발전시키고 양자통계학의 초석을 다졌다. 폴 디랙(Paul Dirac)은 보스-아인슈타인 통계를 따르는 입자들을 '보손'이라 불렀다. 보스 자신은 수천 개의 보손 입자들이 극저온에서 오늘날 보스-아인슈타인 응축이라 알려진 물질 상태로 존재할 것이라고 추론하고 예측했지만, 귀추적으로 추론한 그 상태는 1995년에야 입증되었다.

귀추법은 분명 과학에서도 일상생활에서도 불가결하다. 우리는 관찰과 경험에서 이끌어내는 추론에 의지할 수밖에 없다. 경험에서 시작하는 귀추법이 아니라면 달리 무슨 수로, 예컨대 당신을 사랑한다는 누군가의 주장이 진실한지 또는 근거가 충분한지 알 수 있겠는가?

물론 당신이 삶과 과학에서 이끌어내는 추론은 틀릴 수 있으며 그것이 귀추법의 위험 요소다. 귀추법은 알고 있는 것을 가지고서 무엇이 그것을 낳았을 것 같은지, 또는 그것이 어떤 추가 결론을 가리키는지 묻는다. 바꾸어 말하면, 귀추법은 틀릴 수 있고 잠정적으로만 지지할 수 있고 위험 요소를 내포하는 가설을 세운다. 그런 까닭에 귀추법은 우주가 언제나 믿을 만한 곳이고 사람들이 자신이 의도하는 바를 말할 수 있다는 가정을 믿고 신뢰하려는 노력을 필요로 한다.

이 기반 위에서 우주에 대한 관찰과 경험에서 시작해 귀추법에 따라 우주를 낳았을 개연성이 가장 큰 원인은 신이라는 결론을 도출하는 것은 완전히 합리적이고 논리적이다. 스윈번이 『신의 존재The Existence of God』에서 말한 대로 그런 논증들에는 공통된 특징이 있다.

그 논증들은 모두 전제에서 기술한 현상을, 의도적으로 그런 현상을 야기하는 행위자의 행위라는 관점에서 설명하는 논증이 되고자 한다. 우주론적 논증은 세계의 존재로부터 의도적으로 세계를 낳은 인격, 즉 신을 도출한다. 설계 논증은 세계의 설계로부터 의도적으로 세계를 그렇게 만든 인격, 즉 신을 도출한다. 나머지 논증들도 모두 세계의 특정한 특징으로부터 의도적으로 그런 특징을 가진 세계를 만든 신을 도출한다.

그러나 그렇게 추론한 '가설'은 귀추적으로 추론한 다른 가설들과 마찬가지로 기껏해야 참일 확률이 가장 높은 설명이지 반박할 수 없을 만큼 확실한 설명은 아니다(앞에서 살펴본 대로 '확률'이 더이상 무지의 다른 이름이 아니라는 데 유념하라). 이런 이유로 스윈번의 책은 귀납법과 확률론의 실제 내용에 관한 장으로 시작해 '확률의 균형'이라는 제목이 붙은 장으로 끝난다. 과학에서 쓰이는 다른 귀추 논증들과 마찬가지로, 귀납법도 믿고 신뢰하려는 노력을 필요로 한다.

이 모든 논의를 유념하면서 플루의 질문과 도전으로 돌아가자. 신을 지지하는 논증들 중에 어느 하나라도 신을 믿을 충분한 이유를 제시하는가?

플루 본인에 따르면, 이 물음의 답은 '그렇다'이다. 무신론 추정에서 출발한 플루는 오히려 신이 있다는 결론으로 귀결되는 합리적이고 논리적인 논증들, 아울러 신이 없다는 결론보다 신이 있다는 결론이 참일 **확률**을 더 높여주는 논증들이 있다는 것을 확인했다. 그 결과 플루는 2007년에 『신은 있다: 세계에서 가장 악명 높은 무신론자는 어떻게 생각을 바꾸었는가There Is a God: How the World's Most Notorious Atheist Changed His Mind』를 출간했다. 생각을 바꾸도록 플루를 설득한 계기는 논리적이고 합리적인 논증들, 그리고 있는 그대로의 우주로부터 귀추적으로 추론한, 신을 가리키는 논증들이었다. 그는 이렇게 썼다.

> 과학으로서의 과학은 신의 존재를 뒷받침하는 논증을 제공할 수 없다. 그런데 우리가 고찰해온 세 가지 증거—자연법칙, 목적론적 구조를 갖춘 삶, 우주의 존재—를 설명하려면 자기 자신의 존재와 세계의 존재를 둘 다 설명하는 지성체를 고려해야만 한다. 그러한 신 발견은 실험과 수식을 통해서가 아니라 실험과 수식이 베일을 벗겨 보여주는 구조에 대한 이해를 통해 이루어진다.

신의 존재를 뒷받침하는 그런 논증들(우다야나와 아퀴나스의 논증들 같은)은 끊임없이 변하는 과학적 지식과 무관하다. 다른 한편, 과학 내 변화가 신의 확률을 높일 수도 있다(또는 낮출 수도 있다). 예를 들어 질서에서 설계를 이끌어내는 논증은, 의식을 가진 생명체가 출현하려면 우주가 극도로 '미세 조정'

되어 있어야 한다는 인식에 의해 보강되었다. 이런 흐름에서 이른바 '인류 원리', 즉 물리학에서 근본 상수들과 연관지어 탐구하는 자연법칙들이 너무도 정밀해서 아주 조금만 달라져도 지구상에 인류가 존재하지 못한다는 원리가 등장했다. 우주는 골디락스(Goldilocks) 이야기〔영국의 전래동화—옮긴이〕에 나오는 아기 곰의 곡물죽처럼 너무 뜨겁지도 너무 차갑지도 않고 '딱 알맞은' 곳임이 밝혀졌다. 간단히 말하면, 우주는 생명이 출현할 수 있는 방식으로 존재하는 것처럼 보이며, 따라서 신이 이런 우주를 뜻하거나 의도한 설계자라는 추론은 대단히 유력한 추론으로 보인다. 그렇다 해도 이 추론에 이의를 제기하는 다른 의견들이 있을 것이다. 요점은 두 종류의 논증(논리적 논증과 추론적 논증)이 뚜렷이 구별되고 서로 의존하지 않는다는 것이다.

그렇지만 두 논증 모두 철학자 비트겐슈타인(Wittgenstein, 1889~1951)의 "세계가 **어떻게** 있느냐가 아니라 세계가 있다는 것 **그 자체**가 신비다"라는 발언에 유의한다. 이른바 자연법칙들은 세계가 어떻게 있는지를 보여준다. 그런데 무엇이 우주에 그 규칙성을 부여하는가? 어떤 작인 또는 작인들이 그 규칙성을 가져오는가? 철학자 존 포스터(John Foster)는 많은 이들을 대변하여 "우리는 세계에 규칙성을 부여함으로써 법칙을 만들어내는 이는 바로 신—유신론에서 말하는 신—이라고 합리적 근거에 입각하여 결론 내릴 수 있다…… 신의 작용에 호소하여 규칙성을 설명하는 논증에는 강력한 논거가 있다"라고 썼다.

이 주장은 "어째서 아무것도 없지 않고 무엇인가가 있는가?"라는 물음에 한 가지 답이 있음을 의미한다. 일각에서는 이를 어리석은 물음으로 치부한다. 우주는 그저 여기에 있고 그게 전부다. 왜 있냐고 왜 묻는가? 유명한 과학 대중화 저자 리처드 도킨스(Richard Dawkins)는 진화 및 자연선택과 관련하여 과학자들은 결코 '왜?'냐고 물어서는 안 되고 오직 '어떻게?'만을 물어야 한다고 말했다.

터무니없는 소리다. 과학자들은 끊임없이 '왜?'와 '어떻게'를 둘 다 질문하며, 저명한 과학자 스티븐 호킹(Stephen Hawking)은 2012년 패럴림픽 개막식에서 이렇게 연설했다. "문명이 동튼 이래 사람들은 세계의 근본 질서를 이해하기를 갈망해왔습니다. 세계는 왜 이렇게 존재하고 대체 왜 존재하는지를 말이죠." 세계의 나머지 모든 것에 대해 질문하면서 세계의 존재에 대한 질문만큼은 삼가야 할 이유는 없다. 과학은 끊임없이 질문하면서, 사물들이 **어떻게** 존재하는지를 묻는 데 그치지 않고 왜 그렇게 존재하는지, 또는 왜 그렇게 생겨나거나 나타나는지 또한 질문하면서 나아간다. 우주가 왜 있는지 질문할 수 없는 이유, 혹은 질문하지 말아야 할 이유는 과학에도 철학에도 없고, 그냥 상식적으로 생각해도 없다. 브라이언 데이비스(Brian Davies)는 이렇게 말했다. "기실 우주의 존재는 수수께끼다. 우주 안에 있는 사물들이 왜 있느냐고 질문할 수 있다면, 우주 자체가 왜 있느냐고 질문할 수 있다." 신은 그 질문에 내놓는 논리적으로 합리적이고 가장 개연성 높은 답변이다. 거꾸로 말하면, 우주를 존재하게 하는 원인이 무엇이든 그것은 우리가 '신'이라 부르는 것이다.

플루는 이런 식의 고찰에, 그리고 (앞서 제기한) 신의 초월성에 관한 고전적인 물음들—일례로 전지전능하고 형체가 없는 인격을 인간이 이해할 수 있느냐는 물음—을 논하는 다른 논증들에 설득되었다. 플루는 다음과 같이 주장하는 데이비드 콘웨이(David Conway)의 글을 인용하면서 논의를 끝맺었다. (이제껏 나의 추론이 견실했다면) "신이 우주 그리고 우주가 드러내는 질서의 형태를 설명한다는 것을 부정하는 타당한 철학적 논증은 없다."

그러므로 철학은 신을 믿는 타당한 이유들을 보여줄 수 있다. 물론 모두가 그 이유들을 받아들이는 것은 아니다. 이는 놀랄 일이 아닌데, 신은 논증의 결론 이상이기 때문이다. 여하튼 사람들이 신을 믿는 다른 많은 이유들이 있으며, 그중 일부는 극히 해롭다(프로이트의 말대로라면 '비굴하다')고 간주된다. 신에 대한 관념들은 무지가 만연했던 시절인 인류의 유아기에 속한다고 여기는 견해를 우리는 이미 살펴보았다. (그 견해에 따르면) 본회퍼의 말대로 이제 성년이 된 우리는 청소년기의 무지라는 과오를 털어버릴 수 있다.

여기서 드러나듯이, 사람들이 신을 믿는 이유를 이해하려는 시도는 흔히 사람들이 신을 믿기 **시작한** 이유에 대한 추정과 뒤얽힌다. 그 얽힘을 풀어내면, 사람들이 신을 믿는 타당한 이유와 비굴한 이유가 둘 다 있음을 알 수 있다. 그렇다 해도 우리가 비굴한 출발점에서 얼마나 자주 그것을 뛰어넘는 결과로 나아가는지를 기억하는 것은 중요하다. 프로이트는 성(性)을 논하면서 우리가 리비도라는 육체적 충동에, 제멋대로 하려는 자아의 비굴하고 신경질적인 동기에 이끌려 서로에게 다가간다고 생각했다. 그러나 리비도는 **반응하는 타자**를 맞닥뜨리며, 자신의 본성대로 반응하는 그 타자는 기본적인 필요, 비굴한 출발점을 뛰어넘게 할 수 있다.

그 결과 프로이트는 우리에게 리비도의 언어뿐 아니라 리베(Liebe), 즉 사랑의 언어도 필요하다고 인정하게 되었다. 정욕은 사랑으로 나아갈 **수** 있다. 이와 비슷하게 우리는 비굴한 이유로(가령 지옥불이 두려워서) 신을 믿기 시작했더라도 그 후에 "활동적인 만남과 사랑스러운 포옹" 안에서 "완전한 사랑으로 두려움을 몰아내는", 온전하게 반응하는 타자인 신을 발견할 수 있다.

　따라서 장성하거나 '성년이 되는' 것은 우리의 출발점을 파괴하거나 경멸하는 것을 의미하는 것이 아니라, 오히려 통찰을 통해 과거의 출발점에서 그것을 뛰어넘는 성격과 진리를 이끌어낸다는 것을 의미한다. 적어도 일부 사람들은 처음에 비굴한 이유들 때문에 신을 믿게 되지만, 많은 이들의 추정과 달리 인간이 왜 신을 믿느냐는 물음을 그런 비굴한 이유들로 환원할 수는 없다. 그렇다면 사람들은 왜 신을 믿는가?

제 2 장

———————————————

왜 신을 믿는가?

줄리언 헉슬리는 전통적으로 이해해온 신이 "자연을 해석하거나 이해할 때 더이상 어떠한 실용적 가치"도 없기에 교육받은 사람들이 앞으로 신을 믿지 않을 거라고 생각했다. 그가 보기에 '신'은 "천 가지 조건에 의한 죽음"을 맞는 대신 체셔고양이의 미소처럼 사라지고 있었다.

그리고 실제로 그렇게 사라지고 있는 듯하다. 신에 대한 믿음은 합리적이라고, 우주가 존재하는 이유에 대한 가장 개연성 높은 설명은 신이라고 주장하는 이들은, 자신들이 자연이나 '우주가 어떻게 운행하는지'에 관해 실용적 가치가 있는 추가 정보를 제공한다고 생각하지 않는다. 어째서 아무것도 없지 않고 무엇인가가 있느냐는 물음에 대한 가장 개연성 높은 답변이 신이라는 결론에 도달하는 것은 우주에 관한 추가 정보를 찾는 것이 아니다. 그런 정보를 찾을 때 우리는 과학에 의존한다.

이는 '신 가설'이 형편없는 교육을 받은 탓에 우주의 세부에 관해 모르는 무지—헉슬리의 사례를 다시 언급하자면 지구가 평평하다거나 파리가 저절로 생겨난다는 등의 오류—에서 비롯되거나 그런 무지에 달려 있지 않다는 것을 의미한다. '신 가설'은 갈릴레이가 오래전에 말한 대로 "세계가 어떻게 움직이는지" 알려주지 않는다. 갈릴레이는 카이사르 바로니우스(Caesar Baronius) 추기경이 가르쳐주었다는 원칙을 고수했다. "성령의 목적은 우리에게 어떻게 천국에 가는지를 가르치는 것이지 하늘이 어떻게 움직이는지를 가르치는 것이 아니다."

본회퍼는 신에 대한 관념이나 특징짓기가 도탄에 빠진 사람들에게 위안을 주기 위해 쓰이기도 했고, 정치가들이 피치자들을 통제하기 위해 이용하기도 했음을 올바로 지적한다. 폴리비오스(Polybios, 기원전 2세기)는 로마 국가가 왜 그토록 강력하고 성공적이었는지 설명했다. 로마는 다른 국가들이 무지한 미신으로 치부하는 의식과 의례를 성대하게 거행했다.

내가 보기에 그들은 평민을 위해 그렇게 했다. 국가가 지혜로운 이들로만 구성된다면 그렇게 할 필요가 없을 테지만, 대개 평민은 언제나 불안정하다. 그들은 법을 벗어나는 욕구, 비이성적인 정념, 난폭한 분노로 가득차 있다. 그래서 대체로 평민은 은근한 공포와 일부러 과장하는 공포로 제지해야 한다. 그런 까닭에 내가 보기에 우리 조상들은 어리석거나 생각 없이 행동하지 않고자 신들에 대한 관념들을 하데스의 공포에 대한 믿음과 함께 퍼뜨렸지만, 요즘 사람들은 오히려 이런 것들을 배격한다는 점에서 비이성적이다.

얼추 비슷한 시기에 세계의 반대편 중국에서 법가(法家)는 사람들에게 선(善)을 가르칠 수 있다는 믿음을 거부했다. 오히려 법가는 사람들이 본성상 악으로 기울어지는 까닭에 천(天)—민간신앙에서 신에 상응한—에서 유래한 강력한 법과 형벌로 그들을 억눌러야 한다고 생각했다. 법가는 시황제(진秦 왕조의 초대 황제, 재위 기원전 247~210년)가 중국을 최초로 통일하는 데 기여했다.

본회퍼는 과거에 사물들이 왜 그리고 어떻게 생겨났는지 설명하기 위해 '신'을 끌어들였다는 것을 옳게 지적했다. 바꾸어 말하면, 우리가 모르는 틈새를 설명하기 위해 신에 대한 믿음을 끌어들였고, 그 틈새가 채워짐에 따라 '틈새의 신'이 체셔고양이의 미소처럼 사라지고 있다.

신과 우주에 대한 이해의 변화와 신빙성

그렇지만 본회퍼는 명백한 사실을 놓치기도 했다. 과학이 지구의 모양과 위치에 대한 이해를 수정하고 변경하는 것과 마찬가지로(더이상 지구는 평평하지 않고, 우주의 중심에 있지 않다), 그리고 우리 자신이 이해 일반을 수정하고 변경하는 것과 마찬가지로, 우리는 신 이해와 특징짓기 역시 수정하고 변경한다(더이상 신은 하얀 수염을 늘어뜨린 채로 구름 위 옥좌에 앉아 있는 노인의 모습이 아니다).

그런 변경과 수정은 불가피하다. 앞서 살펴봤듯이 신은 직접 관찰하고 묘사할 수 있는 우주의 대상들 중 하나가 아니기 때문이다. 설령 아퀴나스의 주장대로 신의 존재를 논리적·이성적으로 입증할 수 있다 할지라도, 신에 대한 믿음을 표현하는 말과 상(像)은 특히 기도와 경배를 비롯한 여러 쓰임새가 있기는 해도 언제나 불충분하고(기도하는 이들이 누구보다 잘 알듯이) 수정과 변경에 필연적으로 열려 있다.

이런 수정과 변경이 불러온 결과 중 하나는 모두가 합의하는 단일한 '신 가설'이 없다는 것이다. 신 가설과 특징짓기는 종교들마다 제각기 다르며, 심지어 신의 계시—예컨대 그리스도교의 성경, 이슬람의 꾸란, 브라만교의 베다—에 대한 믿음에 토대를 두는 종교들 간에도 서로 다르다. 앞으로 살펴보겠지만 꾸란에서 특징짓는 신은 인도의 베다에서 특징짓는 신과 현격히 다르다.

이런 차이가 생기는 이유는 설령 신자들이 계시 기록을 문자 그대로 '신의 말씀'으로 받아들인다 해도, 실제 기록은 특정한 시기에 특정한 언어들로 표현되기 때문이다. 신과 달리 그런 언어들은 특정한 시점에 말하거나 쓸 수 있는 내용에 영향을 끼치는 우연적이고 변화하는 환경에 둘러싸여 있다. 그 결과 종교들이 주장하는 계시는 단일한 '신 가설'을 포함하는 것이 아니라 신에 대한 믿음의 변화와 다양성을 포함하게 된다.

예를 들자면, 인도에서 최고의 궁극적 실재는 브라만이다. 브라만이 어떤 실재인지 우리가 어떻게든 묘사할 수 있을까? 우파니샤드(인도의 경전 중 일부) 가운데 일부 문헌들은 순전한 초월자인 브라만을 묘사할 수 없다고 말하지만, 다른 문헌들은 브라만을 생생하게 묘사한다. 차리(Chari)의 말마따나 "슈루티(Śruti, 천계의 성전聖典)가 영적 문제에서 최종 권위인 마당에…… 우리가 어떻게 그런 충돌을 극복하겠는가?" 어떤 이들은 우파니샤드를 해석하여 그 충돌을 해명할 수 있다고 주장했지만, 다른 이들은 충돌을 인정했고 브라만을 묘사한 선대 문헌들이 훗날 아파체다니야야(apacchedanyaya, 문자 그대로 속죄 의식 중에 누군가를 손에서 놓는다는 뜻)라고 알려진 과정을 겪으며 다른 문헌들로 대체되었다고 말했다.

꾸란마저도 이와 비슷한 과정을 겪었다. 무슬림은 꾸란이 무함마드에게 '준'(아랍어 와하waha') 또는 '내려보낸'(나잘라 nazala, 이런 이유로 '내려보내기'를 뜻하는 탄질tanzil이 계시를 가리키는 낱말로 널리 쓰인다) 알라의 말씀이라고 믿으며, 아주 짧은 기간(대략 20년)에 기록되었으므로 꾸란을 수정하고 변경할 어떤 기회도, 심지어 이유도 없었을 거라고 본다. 그럼에도 무슬림은 무함마드의 생애에서 환경과 경험이 변화함에 따라 꾸란의 초기 '계시들'이 후기 계시들에 의해 (전문용어를 쓰자면) '폐기'되었음을 인정한다.

물론 많은 이들은 계시 기록이 그토록 완전한 확실성으로 신을 드러내는 만큼 그 자체가 사실상 신이라고 주장하고, 신의 계시라고 믿는 두루마리나 문헌을 극진히 경외하는 마음으로 대하곤 한다. 그런 두루마리와 문헌이 천차만별인 우연적인 환경들에서 상이한 집단들과 상이한 언어들을 통해 신의 **소산**을 표현한다는 것은 분명히 참이고, 막강한 권위를 지닌 그 말씀들이 신과 많은 사람들의 삶을 계속해서 중재한다는 것도 참이다. 그러나 그 차이들은 우연성의 제약(그리고 기회)이 남아 있음을 의미한다.

따라서 계시는 **해석**되어야 하고, 경쟁하는 해석들은 신의 본질과 성격에 대한 믿음을 변경할 수 있고, 의견 충돌을 일으킬 수 있고, 심지어 분쟁을 야기할 수도 있다. 그 해석 작업을 어떻게 수행할지 이해하는 방식은 종교들마다 판이하다. 그럼에도 말씀이 해석되어야 한다는 사실, 그 결과 신에 대한 특징 짓기와 믿음이 종교들 사이만이 아니라 한 종교 내에서도 달라진다는 사실은 변하지 않는다.

이처럼 계시라는 맥락에서마저 신과 관련해 사용하는 말과 상은 언제나 필연적으로 잠정적이고 불충분하며, 따라서 수정과 변경에 열려 있다. 그러나 우리가 신과 관련해 사용하는 말 외에 다른 많은 것들도 마찬가지다. 신과 달리 우주는 관찰할 수 있다고 **할지라도** 과학 역시 마찬가지다. 과학의 수식들, 우주를 지배하는 기본적인 수학적 규칙들은 물리학의 법칙들을 보여준다. 그러나 과학의 관찰과 추론은 수정이 필요 없을 정도로 결정적이지 않으며, 어떤 과학자도 '우주가 어떠한지'를 우리에게 최종적으로 완전하게 말해주지 못한다.

그러므로 과학이 대단한 자신감으로 주장을 개진하더라도, 과학의 주장이 대개 '절대적으로 진실하고 완전히 확실'하더라도, 후대의 관점에서 보면 그런 주장에도 근사적(近似的)이고 잠정적이고 교정할 여지가 있는 부분이 많이 있다. 그런 이유로 1965년에 노벨 물리학상을 공동 수상한 리처드 파인먼은 물리학 강의를 시작할 때면 과거의 아이작 뉴턴처럼 과학에 "확대되는 무지의 영역"이 있음을 강조했다.

자연의 한 조각이든 부분이든 전체든, 언제나 완전한 진리, 또는 지금 이 시점에 우리가 아는 완전한 진리의 근사치에 지나지 않습니다. 사실 우리가 아는 모든 것이 일종의 근사치일 뿐인데, 아직까지 모든 법칙을 알지 못한다는 것을 우리가 알고 있기 때문입니다. 그러므로 우리는 지금 배우는 것을 장차 틀림없이 고쳐 배우게 되거나, 십중팔구 수정하게 될 겁니다.

요컨대 과학의 주장은 교정할 여지가 있고 불완전하며, 후대의 관점에서 보면 심지어 틀린 것으로 판명날지도 모른다. 그럼에도 과학의 주장은 극히 정확하고 신뢰할 만한 주장일 수도 있는데, 그 이유는, 그것이 말하자면 **무언가**에 대한 틀린 주장이기 때문이다. 다시 말해 비록 우리는 우주에 대해 언젠가 교정할 주장밖에 할 수 없을지라도, 우주 자체는 한결같이 존재하기 때문이다.

신에 대한 서술도 마찬가지다. '신이 어떠한지'를 우리에게 최종적으로 완전하게 말해줄 수 있는 사람은 아무도 없다. 신에 대한 서술은, 설령 계시라고 여겨지는 것에서 유래한 서술일지라도, 교정할 여지가 있고 불완전하다. 그럼에도 그 서술을 신뢰할 수 있는 이유는 그것이 누군가(앞으로 살펴보겠지만, 상호작용할 수 있는 신)에 대한 틀린 서술이기 때문이다. 신에 대해 무언가를 말하려 할 때 지극히 근사적이고 수정할 여지가 있는 말과 상을 사용하는 것은 불가피한 일이다. 그렇지만 표지판과 그것이 가리키는 목적지가 같지 않음을 기억하는 것은 아주 중요하다. 여기서 쟁점은 언어가 아무리 불충분할지라도 무언가에 이르는 길을 가리키느냐 가리키지 않느냐는 것이고, 이와 똑같은 고찰이 과학의 언어와 모델에도 적용된다.

그렇다 해도 신에 대한 주장과 우주에 대한 주장 사이에는 엄청난 차이가 있다. 신은 우주 안에 있는 대상이 아니라서 과학적 방법으로 검증할 수 없기 때문이다. 그렇다면 당장 의문이 생긴다. 어떤 방법으로 신과 상호작용할 수 있는가? 신에 대한 무언가를 표현하는 말과 상을 얼마나 자주 바꾸어야 했든 그와 무관하게, 사람들은 어떻게 신에 대한 믿음이 신뢰할 만하다는 깨달음에 이르렀는가? 신에 대한 믿음들은 비록 천차만별일지라도 어떻게 인류 역사의 대부분 동안 보편적이었을 정도로 널리 퍼졌는가? 사람들은 왜 신을 믿는가?

여태껏 이 물음들에 다양한 답변이 제시되었다. 그중 일부는 '사회학, 인류학, 심리학'(나의 저서 『신의 의미The Sense of God』의 부제에서 거론한 세 학문) 같은 행동과학에서 나왔다. 다른 일부는 역사학, 정치학, 경제학 가운데 신에 대한 믿음을 다루는 부분에서 나왔다. 또다른 일부는 미학에서, 그리고 신에 대한 믿음과 관련된 상상과 영감에서 나왔다.

얇은 입문서에서 이 답변들을 요약하기란 불가능하지만, 일부는 앞에서 이미 언급했다. 예를 들어 두 가지 답변은 "게으른 정신들의 도피처에서" 신에 대한 믿음이 살아남는 이유를 열거한 헉슬리의 목록에 나오는데, 하나는 마르크스의 답변이고(신에 대한 믿음은 노동자들을 계속해서 착취하려는 기득권의 강력한 무기다) 다른 하나는 프로이트의 답변이다(신에 대한 믿음은 정신병리학적 불구자들과 정신이 게으른 자들이 현실을 마주하지 못하고 현세의 비탄을 보상해줄 내세가 필요해서 '무작정 믿는' 환상이다).

기능적 설명들도 있다. 이 설명들은 신에 대한 믿음이 여러 기능을 해왔다고 주장하고, 신에 대한 믿음이 생겨나고 시작된 이유로 그런 기능을 꼽는다. 더 구조적인 다른 설명들은 이를테면 인간으로 하여금 경험하고 느낄 수 있게 해주는 신체와 뇌의 구조에 초점을 맞춘다. 초기에 이 설명들은 분노나 두려움, 정욕 같은 감정의 힘이 때로는 너무나 **압도적으로** 강해서 마치 신체 외부에서 작용하는 별개의 동인처럼 느껴진다는 추정을 제시했다.

신경과학과 경험

근래에 빠르게 팽창하는 뇌 연구에 의존해온 여러 설명에는 신 경험과 종교적 경험 일반에 대한 주장과 관련한 중요한

함의가 있다. 예를 들어 20세기에 뇌의 두 반구의 기능과 상호작용에 대한 탐구는 줄리언 제인스(Julian Jaynes)의 이론으로 이어졌는데, 제인스는 (그의 책 제목을 인용하자면) '의식의 기원이 양원적(bicameral) 정신에' 있고 그 결과로 한쪽 반구가 외부 자극을 받아들이고 반대쪽 반구가 그것을 '신의 목소리'로 해석한다고 보았다.

또다른 설명은 뇌 연구와 유전학을 연관지어 이른바 '생물 발생학적 구조주의'를 내놓았다. 이 학설은 유전자와 단백질이 어떻게 뇌(그리고 신체)의 구조를 프로그램화하고 구성하여 우리의 특징적인 행위를 미리 준비해두는지를 탐구했다. 예를 들어 유전자와 단백질은 우리가 숨을 쉬고, 언어를 말하고, 성교를 하고, 음식물을 찾아서 먹는 등의 행위를 할 수 있도록 준비해둔다. 우리가 구체적으로 무엇을 말하거나 먹을지, 또는 우리가 성적으로 정확히 어떻게 행동할지 **결정하는** 것이 아니라, 우리가 그런 기본적인 행동을 인간답게 하도록 **준비해둔** 다. 또한 우리가 신을 인식할 수 있도록 준비해둔다. 이 설명은 "너의 하느님을 만날 준비를 하여라"라는 경고를 "너는 너의 하느님을 만날 준비가 되어 있다"라는 관찰로 바꾼다.

이 학설을 요약하는 책 『신은 왜 우리 곁을 떠나지 않는가 Why God Won't Go Away』는 "영적 초월성의 신경생물학적 뿌리"가 물질적 존재의 한계를 훌쩍 넘어서는 완전히 실재적이고 절대적인 합일감으로 사람들을 이끈다는 주장으로 끝을 맺는다.

우리 뇌가 지금 이대로 조직되는 한, 더욱 심원한 이 실재를 우리 정신이 느낄 수 있는 한, 영성은 인간의 경험을 계속 형성할 것이고, 장엄하고 신비한 신 개념을 우리가 아무리 정의하더라도 신은 우리 곁을 떠나지 않을 것이다.

이 주장에 따르면 우리 뇌는 잊지 못할 경험을 할 준비가 되어 있다. 그런데 어떤 잊지 못할 경험인가? 데이비드 헤이(David Hay)는 유익한 저서에서 그런 경험을 조사하고 검토한 뒤 "우리의 종교적 믿음이 어떠하든, 종교적 믿음이 있든 없든, 영적 의식은 생명활동에 필수적인 부분이다"라고 결론짓는다. 노발리스(Novalis)는 스피노자를 가리켜 "신에 취한 사람"이라고 불렀지만, 스피노자는 신에 취한 여럿 가운데 한 명일 뿐이다. 또다른 극단적인 경험으로는 절대적 합일 상태(Absolute Unitary Being)가 있다. 자아와 우주의 차이가 사라지는 이 상태는 놀랍게도 흔한 경험이다. 이 상태에서는 시간이 흐른다는 감각이 없으며, 완벽하고 영원하고 분화되지 않은 의식만이 있을 뿐이다—흔히 지복 상태라고 한다. 많은 이들이 이 경험중에 '신을 만났다'고 느낀 것은 놀랄 일이 아니다.

물론 똑같은 경험을 하고도, 비록 확실하고 기억에 남을 경험이긴 해도 신 경험은 아니라고 결론 내린 사람들도 있다. 버트런드 러셀(Bertrand Russell)은 한때 "일종의 신비한 깨달음"에 사로잡혔고 그 결과 "완전히 다른 사람이 되었다"면서도 『나는 왜 그리스도인이 아닌가Why I Am Not a Christian』라는 책을 썼다. 케네스 클라크(Kenneth Clark)는 "사방으로 발하는 일종의 천국의 기쁨에 젖어" "신의 손길을 느꼈다"고 확신했지만, 이제껏 살아온 인생을 뜯어고칠 마음이 없어 그 경험을 외면했다. 경험에 근거를 두는 신에 대한 주장들은 앞에서 살펴본 대로 귀추적 추론이며, 그런 까닭에 어떤 이들은 같은 경험을 하고도 신에 대한 추론을 도출하기를 거부하거나 다른 추론을 도출하기 마련이다.

그렇다고 해서 신에 대해 추론하는 사람들이 자주 도달하는 놀라운 귀결이 무효가 되는 것은 아니다. 사람들이 세계와 서로의 관계와 각자의 삶을 경험하는 수많은 방식은 경험을 생겨나게 하는 존재, 경험 안에서 경험을 통해 작용하는 존재―그리고 간혹 경험 안에서 마주치는 존재―가 신이라는 믿음을 불러일으켜왔다.

가령 세계의 드라마, 아름다움, 신비한 타자성은 강한 외경심과 경이로움, 그리고 두려움을 자아낼 수 있다. 루돌프 오토(Rudolph Otto, 1869~1937)는 이를 '누미노제'(Numinose, '신성'과 비슷한 의미인 라틴어 누멘numen을 토대로 오토가 창안한 용

어—옮긴이) 감정이라 불렀다. '거룩한 것의 관념'(오토의 저서
『거룩한 것Das Heilige』의 영역본 제목)은 사람들로 하여금 세계
를 자신과 전적으로 다른 것으로, 마음을 끌거나 매혹하는 동
시에 전율을 일으키는 것으로 체험하게 한다. 오토의 표현을
쓰자면, 누미노제는 '전율을 일으키고 매혹하고 외경심을 자
아내는 신비(mysterium tremendum et fascinaus)'요, 합리적 분
석을 넘어서는 두려움과 매혹을 동시에 불러일으키는 체험이
다. 신에 적용해 말하면, 누미노제는 로널드 W. 헵번(Ronald
W. Hepburn)의 말마따나 "필연적으로 초월적이고 아득하면서
도 이곳이 아름다움과 사랑의 근원임을 인식하도록 고취하는
독특한 신 체험"이다.

드물지 않은 이런 체험은 인류 역사를 통틀어 절대다수의
사람들이 신을 의식하면서 살아가는 삶—신을 어떻게 이해
하거나 특징짓든, 적어도 우리의 배경에 신이 있다고 상정하
는 삶 또는 신에 대한 믿음이 '깊숙이 박혀 있는' 삶—을 강화
해왔다. 그런 삶에서 신은 여러 방식으로 작용하는 존재로, 그
리고 인간이 예컨대 기도와 예배, 의례 같은 여러 방식으로 상
호작용할 수 있는 존재로 체험된다. 달리 말하면, 사람들은 지
척에 있는 신과 더불어 살아간다. 꾸란의 구절(50장 16절)대로
"우리는 인간을 창조했고, 그의 영혼이 그에게 속삭이는 말을
알고 있나니, 그의 목에 있는 정맥보다 우리가 그에 더 가깝기

때문이다". 사람들은 신의 현존 안에서 신의 소산으로서 살아간다—그러나 그들이 상상하거나 이해하는 신은 천차만별이다.

신은 관찰하고 기술할 수 있는 대상들 중 하나가 아님을 감안하면, 그런 엄청난 다양성은 별반 놀랍지 않다. 신이 존재한다면 그 신은 영원하고 불변해야 한다는 철학자와 신학자의 주장은 옳다. 그렇다 해도 인류 역사에서 신에 대한 말과 믿음과 관념이 끊임없이 도전받고 변화한다는 사실은 달라지지 않는다.

그 사실은 불가피하고 필연적이다. 종교의 무대인 세계 자체가 끊임없이 변화하면서 기존의 실천과 믿음에 도전하는 동시에 그 실천과 믿음을 새롭게 표현할 기회를 주기 때문이다. 존 헨리 뉴먼(John Henry Newman, 1801~1890, 그리스도교 신학자 겸 철학자)은 이 점을 강조했다. 뉴먼에 따르면 믿음은 "인간의 삶이라는 분주한 무대"와 맞물리고 변화가 끊이지 않는 "낯선 영역으로 들어가"면서 전개된다. "믿음은 변하지 않기 위해 그 무대 및 영역과 더불어 변화한다. 더 높은 세계에서는 사정이 다르겠지만, 여기 아래 세계에서 산다는 것은 곧 변한다는 것이고, 완벽하다는 것은 곧 자주 변해왔다는 것이다."

의도한 변화나 실제 변화가 모두 더 나은 쪽으로의 변화이거나 자동으로 진보가 되는 것은 분명히 아니다. 그런 주장은 확실히 거짓이다. 그러나 어떠한 변화도 불필요하다거나 바람직하지 않다는 결론도 똑같이 거짓이다. 물론 가령 안정된 환경에 있는 소규모 종교들처럼 변화가 불필요한 경우도 있을 것이다. 그러나 "인간의 삶이라는 분주한 무대"에서는 진리를 위해 변화가 필요하다는 뉴먼의 주장이 옳다.

모든 신자가 이 주장을 받아들이는 것은 결코 아니다. 실제로 많은 신자들은 세계("인간의 삶이라는 분주한 무대")가 종교의 의제를 설정해서는 결코 안 된다고 역설한다. 그러나 세계는 언제나 종교의 의제뿐 아니라 신의 의제까지 '설정한다'. 세계가 중간에서 매개하지 않는다면, 신은 이를테면 특정한 환경에서 곤경에 처한 사람들에게 말을 걸거나 그들을 구하기 위한 진리의 말씀을 육화하지도 계시하지도 못할 것이기 때문이다.

그럼에도 과거에 대한 향수는 모든 종교에서 나타나며, 그 향수는 순수하고 타락하지 않은 믿음이 있었다고 하는 황금시대(예컨대 그리스도교에서 사도들의 시대, 이슬람교에서 최초의 칼리프 4명을 뜻하는 알-라시둔al-Rashidun의 시대)에 대한 그리움일 것이다. 그 순수한 믿음을 회복하자면 앞으로 나아갈 길은 황금시대로 되돌아가는 길이어야 한다. 카를 구스타프 융(Carl Gustav Jung)이 말한 대로 사람들은 과거로 되돌아가는 길을 택하더라도 잘 살아갈 수 있지만, 그 결과로 공동체는 갈

수록 분열된다.

심리학적으로 보아 기원전 5000년에 살더라도 지금처럼 잘 살 수 있을 사람들, 즉 7000년 전 사람들이 했던 식으로 지금도 분쟁을 성공적으로 해결할 수 있는 사람들이 있다. 유럽에는 무수한 야만인들과 고대인들……, 수많은 중세 그리스도인들이 있다. 다른 한편으로 우리 시대에 도달할 수 있는 의식 수준에 도달한 비교적 소수의 사람들이 있다.

과학과 마찬가지로 종교에는 과거로부터 물려받아 보존해야 할 것들도 많지만 끊임없이 변경하고 수정해야 할 것들도 똑같이 많다. 변화에 저항할 경우 도킨스가 『신이라는 망상The God Delusion』〔한국어 번역본 제목은 『만들어진 신』—옮긴이〕에서 꼬집어 공격한 신에 대한 특징짓기로 귀결될 수 있다—신을 믿는 많은 이들이 도킨스의 공격에 공감했을 것이다. 역사를 통틀어 한편에서는 신에 대한 많은 이해와 특징짓기가 의문시되고 수정되는 동안 다른 한편에서는 다른 많은 이해와 특징짓기가 확고해지고 확증되었다. **두 과정 모두** 신에 대한 이해가 형성되고 변형되는 데 결정적인 영향을 끼쳤다.

그 과정에서 나타난 갈등은 분쟁으로 이어지고 심하면 전쟁으로 번졌지만, 동시에 학습과 동화, 공유로 귀결되기도 했다. 아퀴나스는 아리스토텔레스와 그리스도교 전통을 결합하여 장차 토마스주의라고 알려질 사상을 내놓았다. 우다야나는 니야야(Nyaya)와 바이셰시카(Vaisheshika) 학파를 결합하여 나비야-니야야(Navya-nyaya), 즉 새로운 논리학을 내놓았다.

얇은 입문서에서 '신의 역사' 전체를 요약할 수야 없지만, 잘 알려진 종교 전통들에서 사례들을 골라 **보존하는 동시에 변경하는** 과정이 실제로 어떻게 진행되는지 살펴보기 시작할 수는 있다. 그렇게 고른 사례들 중에서도 일부 핵심적인 계기들만을 탐구할 수 있다. 그리하여 다음 장에서는 우선 유대교와 성서 시대의 토대를 살펴보면서 신에 대한 유대교 특유의 이해가 어떻게 확립되었는지, 그리고 그런 초기의 신 특징짓기가 이미 성서 시대부터 어떻게 변화하고 발전하기 시작했는지를 보여줄 것이다. 가장 뚜렷한 요소만 거론해도 랍비, 카발라, 마이모니데스, 하시딤, 전례와 기도 같은 유대교의 눈부신 요소들이 그 토대 위에서 발전했지만, 이 가운데 그 무엇도 토대를 먼저 이해하지 않고는 이해할 수 없다. 유대교의 성서는 "한처음에 하느님께서……"로 시작한다. 이제 그 시작에 주목하자.

제 3 장

아브라함의 종교들: 유대교의 신 이해

　지금까지 우리가 신에 대해 사용하는 말과 상이 잠정적이고 교정에 열려 있는 이유를 살펴보았고, 비단 종교뿐 아니라 과학에서 연구 주제와 관련하여 사용하는 말과 상도 마찬가지라는 점을 확인했다. 과학은 엄청난 신뢰를 얻고 유지하지만 언제나 변경과 수정에 열려 있다. 이와 비슷하게 신에 대한 관념과 믿음은 나름의 방식으로 신뢰를 얻고 유지하는 동시에 특정한 방식으로 끊임없이 변경되고 수정될 필요가 있다. 신의 경우에 수정하고 변경하는 과정은 과학의 과정과 전혀 다르다. 그럼에도 말과 상을 수정하고 변경할 일이 생기며, 대개 그런 일은 차분히 토론할 문제가 아니라 맹렬히 경쟁하고 마찰을 빚는 문제가 된다. 서방 그리스도교의 종교개혁이 그런 사례다.

이렇게 보존하고 변경하는 과정은 오늘날 유대교, 그리스도교, 이슬람교라고 알려진 종교들이 생겨난 대략 3000년을 되돌아보면 특히 뚜렷하게 확인할 수 있다. 이 종교들을 가리켜 '아브라함의 종교들'이라고 부르는데, 아브라함(이슬람에서는 아랍어로 이브라힘이라 부른다)을 공통 조상으로 인정한다는 점에서 서로 관계가 있기 때문이다(「창세기」 12:1, 「갈라디아인들에게 보낸 편지」 3:7, 꾸란 2:130/6). 세 종교는 저마다 기존의 신 특징짓기를 급진적으로 바꾸는 한편 물려받은 것을 보존하고 이어가기도 했다.

도전과 변화의 과정은 유대교의 신 이해로 귀결될 (역사적) 여정의 초창기부터 나타났다. 그 이해는 유대교 성서(그리스어로는 '책들'을 뜻하는 비블리아biblia)를 구성하는 문헌들, 즉 대략 1500년에 걸쳐 쓰인 여러 범주의 문헌들 모음에 뿌리박고 있다. 유대인은 그 모음을 미크라(Miqra, 읽기 또는 독송)나 하세파림(HaSefarim, 책들), 또는 성서를 이루는 세 부분(처음 다섯 권인 율법서 토라Torah, 예언서인 느비임Nebiim, 성문서인 케투빔Ketubim)의 [히브리어—옮긴이] 머리글자를 따서 타나크(Tanakh)라고 부른다. 토라는 유대교 경전 전체를 가리키기도 한다(흔히 이 의미로 쓰인다).

전반적으로 보아 타나크는 떠돌아다니던 집단이(「신명기」

26:5) 세계에서 수행할 특정한 소임과 책무를 하느님께서 자신들에게 명하신다고 믿게 된 이야기를 들려준다. 그러나 타나크가 들려주는 이야기는 투키디데스(Thucydides) 같은 그리스 역사가가 말했을 법한 이야기가 아니라, 지은이가 하느님이라는 것을 의식하면서, 세계와 역사적 사건이, 심지어 이야기 자체마저 궁극적으로 하느님으로부터 연원한다는 것을 의식하면서 말하는 이야기다. 하느님께서 사람들을 고무하여 바람직한 '삶의 길'(「시편」 16:11)을 따라 생활하고 말하고 쓰도록 주도하신다는 의식은 특정한 글들이 모여 타나크를 이루는 결과로 이어졌다. 타나크의 글들은 만물의 저자인 하느님에게서 유래했다고 여겨지는 까닭에 권위를 가진다.

가나안족과 약속의 땅

훗날 유대인이라고 알려질 민족은 기나긴 과정을 거쳐 신에 대한 고유한 이해에 이르렀다. 그 과정에서 특히 기존의 믿음이 변경되고 수정되었다. 성서의 서술에 따르면, 극적인 순간에 아브라함은 네가 큰 민족의 시조가 되리니 메소포타미아의 집을 "떠나 내가 장차 보여줄 땅으로 가거라"(「창세기」 12:1)라는 하느님의 말씀을 들었다.

그 약속의 땅은 오늘날까지 계속되는 분쟁의 씨앗을 품고 있었다(그 땅은 누구의 땅이었고 지금은 누구의 땅인가?). 아브라함의 시대에 '약속의 땅'에는 이미 가나안족과 아모리족을 비롯한 여러 민족이 거주하고 있었다. 가나안족은 주로 동지중해 연안에 살았지만(가나안족은 아모리족처럼 '해가 지는 곳에 사는 사람들'이라는 뜻일 것이다), 오늘날의 이스라엘과 팔레스타인을 포함하는 내륙 지역으로 이주하기도 했다. 가나안족은 수완 좋고 창의적인 민족이었다. 그들은 메소포타미아의 번거로운 설형문자나 이집트의 상형문자보다 한결 간단한, 우리에게 대단히 유익한 표기 형식을 발명했다. 다시 말해 알파벳을 발명했다. 그 발명 덕분에 구전(口傳)에 의존하는 대신 장차 타나크를 구성할 글들을 적을 수 있게 되었다―아이러니하게도 아브라함의 후손들은 가나안족을 멸하라는 하느님의 명령을 타나크에 기록했다.

문제는 하느님이 아브라함과 그 후손들에게 약속했다고 하는 그 땅에 당시 가나안족이 거주하고 있었다는 것이다. 아브라함의 후손들은 본래 친족 사이인 가문들(또는 '부족들')의 집단으로서 베네 야곱(Bene Jacob, 아브라함의 손자인 '야곱의 아이들') 또는 베네 이스라엘(야곱의 다른 이름)이라 불렸다―이로부터 유대인의 선조인 이스라엘 민족이 유래했다. 그들은 가나안족을 포함해 약속의 땅에 거주하는 민족들을 말살해야만 그 땅을 차지할 수 있다는 말을 들었다.

그러나 너희 하느님 야훼께 유산으로 받은 이 민족들의 성읍들에서는 숨쉬는 것을 하나도 살려두지 마라. 그러니 헷족, 아모리족, 가나안족, 브리즈족, 히위족, 여부스족은 너희 하느님 야훼께서 명령하신 대로 전멸시켜야 한다. 살려두었다가는 그들이 자기 신들에게 해 올리는 발칙한 일을 너희에게 가르쳐주어 너희가 너희 하느님 야훼께 죄를 짓게 될 것이다.

「신명기」의 이 대목은 신 이해와 특징짓기가 얼마나 급진적으로 변할 수 있는지를 극적으로 보여준다. 이스라엘 민족은 가나안족과 여타 민족들을 몰아내는 데 그치지 말고 그들의 신앙―"그들이 자기 신들에게 해 올리는 발칙한 일"―까지 거부하라는 명령을 받는다. 그럼에도 이스라엘 민족은 다른 민족들의 믿음 가운데 일부, 특히 신의 이름들을 받아들였다. 가나안족의 신앙에서 최고신인 엘(El)은 자신을 대신해 세상을 다스릴 대리인들(엘로힘elohim, '신들')을 임명하고, 그들은 다시 감독관들인 바알림(Baalim, '주인들' 또는 '소유자들')을 임명하며, 바알림은 땅을 돌보고 자신들에게 올바른 의례와 제물을 바치는 사람들에게 풍요를 보장한다.

이 신들은 하느님이 이스라엘 민족에게 숭배를 금한 신들이었다. 이스라엘인 다수는 이 명령에 크게 구애받지 않았다. '약속의 땅'(즉 가나안 땅)을 차지하기 시작했을 때 그들은 실제로 가나안의 믿음과 문화를 많이 흡수했고, 특히 타나크를 적을 수 있게 해준 표기 체계를 받아들였다. 전반적으로 이스라엘인 다수는 땅의 주인들인 바알림이 제공하는 번영과 풍요와 그 밖의 모든 것을 기꺼이 추구했고, 혼돈을 제압하고 질서 잡힌 세계를 창조한 엘(단수형으로 바알Baal이라고도 불렀다)을 최고신으로 기꺼이 인정했다―이런 초기 창조 이야기들의 흔적은 지금도 유대교 경전에서 찾아볼 수 있다(예컨대 「시편」74:12~17, 89:9~13).

가나안족 및 그들의 신들과 원만하게 지내던 이 관계는 이스라엘 민족이 이집트에서 대탈출한 '출애굽'의 결과로 완전히 바뀌었다. 기근이 든 시기에 친족 집단인 '야곱의 아이들'은 음식을 찾아 이집트로 이동했다. 그곳에서 그들은 노예가 되었다. 그들은 모세의 지도를 받으며 이집트에서 탈출했는데, 모세는 하느님께서 탈출을 명하고 가능하게 해주셨다고 믿었다―그런데 하느님은 그때까지 그들에게 알려지지 않은 이름과 성격을 가진 신이었다.

그 이름은 무엇이었는가? YHWH였다. 이 네 글자가 괴상하게 보일지 모르지만, 히브리어 낱말은 모음 없이 표기하기 때문에 우리는 이 이름이 과거에 어떻게 발음되었는지 알지 못한다. 오늘날 관습적으로 야훼(Yahweh)라고 발음하지만 여기에 포함된 모음들은 추측일 뿐이다. 유대인은 하느님이 거룩한(타락과 오염을 초래하는 모든 것과 전적으로 다르고 그것들로부터 멀리 떨어진) 것처럼 이 이름도 거룩하다고 믿는다—실은 너무도 거룩한 나머지 유대인 다수는 이 이름을 발음하려 하기보다는 '하느님의 이름'을 뜻하는 하솀(Hashem)이라고 부른다. 유대인은 히브리어 성서에서 '나의 주'를 의미하는 낱말 아도나이(Adonai)에 포함된 모음들을 네 글자 YHWH에 집어넣었다. 이 사실은 여러 성서 영역본에서 YHWH를 'the Lord'로(엘/엘로힘은 'God'으로) 옮기는 이유를 설명해준다. 또한 이 사실은 초창기 영역본들이 아도나이의 모음들을 집어넣어 YHWH를 읽으려다가 여호와(Jehovah)라는 난감한 이름에 도달한 사정도 설명해준다.

성서 가운데 (히브리어 제목의 첫 단어를 따서) 쉐모트(Shemoth)라고, 또는 영어로 엑소더스(Exodus)라고 부르는 출애굽기는 야훼의 인도 아래(낮에는 구름기둥으로, 밤에는 불기둥으로) 어떻게 모세가 이스라엘 백성들을 이끌고 광야를 통과하고 야훼로부터 명령과 율법(십계명 포함)을 받았는지 들려준다. 그 명령과 율법은 하느님의 보호와 도움을 계속 받으려면 반드시 지켜야 하는 것이다. 이것이 토라의 토대다(사진 2 참조).

이집트에서 탈출한 이스라엘 백성들은 약속의 땅으로 돌아온 뒤 연맹을 결성했고, "이스라엘의 하느님 야훼"(「여호수아기」24:2)를 인정한다는 새로운 협약 또는 계약으로 결속을 다졌다. 「여호수아기」에 따르면 그 계약은 그들과 그들의 조상들이 섬겼던 신들을 포함해 다른 모든 신을 일체 거부하고 야훼에게 온전히 헌신할 것을 요구했다.

그러니 여러분은 이제 야훼를 경외하며 일편단심으로 그를 섬기시오. 여러분의 조상들이 유프라테스 강 건너편에서도 섬겼고 이집트에서도 섬겼던 다른 신들을 버리고 야훼를 섬기시오. 만일 야훼를 섬기고 싶지 않거든, 누구를 섬길 것인지 여러분이 오늘 택하시오. 유프라테스 강 건너편에서 여러분의 조상들이 섬기던 신을 택하든지, 여러분이 들어와서 살고 있는 이 땅 아모리인의 신을 택하든지 결정하시오. 그러나 나와 내 집은 야훼를 섬기겠소.

이런 상황에서 신을 서로 다르게 특징짓는 집단들 간의 분쟁은 불가피했다. 집대성된 타나크는 야훼('주')가 가나안 사람들이 섬기던 엘('신')의 존재와 능력을 넘겨받았고 결국에는 엘이 야훼의 또다른 이름에 불과하게 된 이야기를 들려준다. 바알림에 대해 말하자면 그들은 도전을 받았고, 신자들이 생각하는 능력을 발휘하지 못하는 거짓 신들이라는 조롱을 받았다.

2. 예루살렘 성전산(聖殿山)의 서쪽 옹벽 앞에서 치켜든 토라 두루마리(「민수기」의 마지막 부분과 「신명기」의 시작 부분). 이 서쪽 성벽은 유대인들이 찾아와 기도를 올리는 중요한 장소로, 로마군에 의해 파괴된 제2성전 앞에서 유대인들이 애통해하는 모습을 지켜본 사람들이 '통곡의 벽'이라는 이름을 붙였다고 한다.

그 도전은 특히 야훼의 예언자들이 주도했다. 그들은 하느님이 불어넣는 숨결 또는 영감을 느끼고는 왕에게나 평민에게나 똑같이 하느님의 말씀을 전했다. 심판, 권면, 사건의 해석에 대한 그들의 메시지는 대개 "주〔야훼〕께서 말씀하시기를"로 시작한다. 그 예언자들 중 한 명인 예레미야(기원전 6세기)는 이런 메시지 전하기의 긴급성을 뼛속에서 타오르는 견딜 수 없는 불처럼 느꼈다(『예레미야서』 20:9).

이 예언자들이 단도직입적으로 도전한 방식은 엘리야의 극적인 이야기에서 확인할 수 있다. 엘리야는 야훼가 유일한 참된 신임을 이스라엘 백성들에게 보여주기 위해 바알의 예언자들과 대결을 벌였다. 엘리야와 바알의 예언자 450명은 황소를 제물로 준비한 다음 야훼와 바알 둘 중에 어떤 신이 제물에 불을 붙여 태우는지를 확인하기로 했다. 바알은 아무런 응답도 하지 않았다. 그러자 엘리야는 "아브라함과 이삭과 이스라엘의 하느님 야훼"께 야훼만이 참된 신임을 보여주시라고 기도했다.

그러자 야훼의 불길이 내려와 제물과 함께 나무와 돌과 흙을 모두 태웠고 도랑에 괴어 있던 물을 한 방울도 남기지 않고 말려버렸다. 온 백성이 이 광경을 보고 땅에 엎드려서 부르짖었다. "야훼께서 하느님〔엘로힘〕이십니다. 야훼께서 하느님이십니다." 엘리야가 백성들에게 소리쳤다. "바알의 예언자들을 하나도 놓치지 말고 모조리 사로잡으시오." 엘리야는 백성들이 사로잡아 온 그 예언자들을 키손 개울로 끌고 가 거기에서 죽였다.

다윗, 성전, 메시아

이보다 덜 극적이지만 똑같이 중대하고 오래 지속된 신 특징짓기의 변화는 지중해 연안에 정착해 살던 블레셋인이 (기원전 1150~1000년경부터) 내륙으로 이주하기 시작했을 때 일어났다. 이 위협에 대처하기 위해 다윗은 대체로 독립생활을 하던 친족 집단인 야곱의 아이들을 소집해 결속하려 했다. 다윗은 여부스족에게서 예루살렘을 빼앗아 그곳을 새로운 연합체의 중립적인 수도로 삼았다. 또한 다윗은 한데 모여 야훼를 경배하는 중심 성소를 세운다는 생각을 여부스족에게서 받아들였다. 다윗은 광야를 떠돌던 시절 하느님의 임재를 나타내는 핵심 상징이었던 계약궤를 예루살렘으로 가져왔지만, 제1성전을 세우는 일은 그의 아들 솔로몬의 몫으로 남았다. 제2성전은 이집트를 탈출한 이후에 건설되었다(사진 3 참조).

이것은 하느님 이해의 급진적인 변화였고, 전통을 지키려던 보수파의 성난 저항에 부딪혔다. 보수파는 야훼께서 결코 집에 살지 않으셨고, 집을 필요로 하지 않으셨고, 광야에서 백성들과 함께 돌아다니면서 그들을 완벽하게 돌보셨다고 역설했다. 이런 반대에도 불구하고 성전은 건설되었다. 그곳에서 사제들은 하느님을 찬양하고 참회하는 의례와 제사를 거행했고, 당대 예언자들은 하느님의 모습을 보았다. "우찌야 왕이 죽던 해에(기원전 738년경) 나는 야훼께서 드높은 보좌에 앉아 계시는 것을 보았다. 그의 옷자락은 성소를 덮고 있었다."

유대인에게 그 성전은 지상에서 가장 신성한 장소가 되었다. 성전의 심장부에는 창이 없는 작고 텅 빈 방인 지성소가 있었다. 지성소에는 대제사장만이, 그것도 사람들이 죄를 용서받고 다시 한번 하느님과 하나가 되는 속죄일인 욤 키푸르(Yom Kippur)에만 들어갈 수 있었다. "그는 이스라엘 백성이 잘못을 저질러 탄 부정이나 지은 죄를 벗기는 예식을" 올렸다.

다윗은 오래도록 영향을 끼친 다른 변화도 도입했다. 다윗은 이번에도 여부스족에게서 신과 백성들 사이에 다리를 놓는 왕이라는 생각을 받아들였다. 엄숙하게 기름 부음 받은 왕은 하느님의 축복을 백성들에게 흘려보내는 수로가 되었다―'기름 부음 받은 자'는 히브리어로 하마시아흐(hamashiach)이고, 이것이 영어로는 '메시아(the messiah)'가 되었다. 메시아(왕과 대제사장)들은 특별히 임명된 하느님의 지상 대리인이라는 믿음은 이렇게 시작되었다. 현실의 왕들(현실의 메시아들)이 대부분 실패했음에도 하느님에게 기름 부음

3. 예루살렘에 있는 이 대규모 모형은 '이방인의 뜰'에 둘러싸인 제2성전을 보여준다.
성전 중앙에는 '여인의 뜰', '이스라엘의 뜰'(남성용), '제사장의 뜰'(보이지 않는다)
이 있다. 지성소는 중앙 성소 내부에 있다.

을 받은 자에게 거는 희망은 사라지지 않았다. 그 희망은 미래로 투영되어 하느님께서 언젠가 당신의 지상 통치(또는 나라)를 확립할 메시아를 보내주시리라는 믿음이 되었다. 성전 건설과 메시아에 대한 믿음은 신에 대한 이해와 신과 인간의 관계에 대한 이해를 완전히 바꾸어놓았다.

고통과 죽음

성서 시대를 지나는 동안 다른 많은 변경과 수정도 이루어졌다. 예를 들어 타나크에서는 죽음 너머에 가치 있는 내세가 있으리라는 믿음을 거의 찾아볼 수 없다. 지하 세계(Sheol)에, 저승의 어둠 속에 있는 망자를 추억하기야 했겠지만, 이스라엘 백성들은 분명 내세에 고대할 만한 것, 현세의 고통과 불평등을 보상해줄 것이 전혀 없다고 믿었다―프로이트를 비롯한 많은 이들이 종교적 믿음의 기원에 대해 가정해온 생각과 정반대다. 이는 타나크에서 이스라엘을 돌보는(예컨대 어미가 자식을 돌보듯이, 「이사야서」 66:13) 하느님을 찬미하는 놀라운 말들이, 죽음 이후에 이 신실한 돌봄이 계속되리라는 어떠한 믿음도 없이 생겨났다는 것을 의미한다. 성서 시대의 끝자락에 이르러서야 그들은 현세에 지속된 하느님의 신실함이 죽음 이후에도 계속되리라는 것을 깨닫기 시작했다.

고통에 대한 믿음이 점차 변화한 것도 똑같이 극적인 일이었다. 본래 이스라엘인은 사람이 고통받는 것은 나쁜 짓을 했기(즉 죄를 지었기) 때문이고 그래서 하느님에게 벌을 받는 것이라고 믿었다. 그런데 악한 자들은 흔히 "잡초처럼 우거지고" "송백처럼 높이 솟은"(「시편」 92:7, 37:35) 반면에 욥처럼(기존의 하느님 이해를 부인하는 「욥기」에서) 죄 없는 자들은 몹시 고통받은 까닭에 '고통이 있는 곳에 죄가 있다'는 기존 견해가 부정되고 대체되었다. 그리하여 기원전 6세기에 바빌로니아인이 예루살렘을 파괴하고 그곳의 이스라엘 민족을 포로로 데려갔을 때(바빌론 유수), 「이사야서」 53장에서 그들의 고통은 **다른 이들의 죄 때문에 벌을 받는 신실한 '고통받는 종'**(이스라엘 민족)의 고난으로 해석되었다—훗날 그리스도인들은 고통과 죽음을 이렇게 이해하는 견해를 예수의 십자가형에 적용했다.

타나크에서 주목할 만한 면은 초기의 신 특징짓기를 보존한다는 것이다. 다시 말해 그런 특징짓기를 잘라내거나 지우지 않았다. 이는 어린 자녀가 처음으로 끼적인 글씨나 그림을 부모가 간직하는 것과 비슷하다. 비록 유치하고 미숙한 행동일지라도 부모는 그런 시도를 소중히 여긴다. 하느님은 '존재하는 일자(一者)'("나는 있는 나다"가 YHWH라는 이름의 한 가지 가능한 의미다)이고 한 시대에서 다른 시대로 넘어가도 한결같이, 영속적으로 동일하다. 변화하고 성장하는 것은 각 시대의 하느님 이해 자체다.

이런 이유로 타나크에 포함된 초기의 말과 믿음은 훗날 훨씬 더 발전했음에도 하느님에게서 유래한 말씀으로 여겨졌다. 요컨대 타나크는 하느님 이해와 특징짓기가 발전하고 변화해 온 오랜 과정의 기록이다. 그 과정에서 이스라엘인은 대대로 자신들을 존재하게 하는 일자, 자신들이 상대해야 하는 일자의 이름과 본질을 더욱 지혜롭게 알게 되었다. 사실 그들은 지혜 자체가 삼라만상과 그들의 삶에서 하느님의 대리인 역할을 한다고 믿게 되었다. 지혜를 깊이 확신하는 이런 태도는 그리스의 철학 및 과학과 결합하여 서방 세계에서 학문의 혁명을 일으켰다.

유일신과 거룩함

그 오랜 변경과 수정 과정이 불러온 단연 중요한 결과는, 우리가 신으로 생각하는 것이 참으로 신인 것으로 밝혀진다면, 그 신이 존재하는 것으로 밝혀지는 신이라는 인식이었다. 복잡하게 들리지만 실은 아주 간단한 말이다. 이스라엘인은 남신과 여신(조금만 거론하자면 멜카르트, 밀콤, 타무즈, 다곤, 아세라, 아나트, 아스타르테 등)을 온갖 방식으로 믿고 특징짓는 세계의 한복판에서 살아가다가 어떤 신이든 단 하나만 존재할 수 있다는 깨달음에 이르렀다. 가나안인의 신이 따로 있고 유대인의 신이 따로 있는 식으로 서로 경쟁하는 많은 신들 또는 신의 부분들이 존재할 수는 없다. 만물과 모든 인간의 창조주인 신 하나만이 존재할 수 있다.

이 믿음은 유대 민족에게 단연 중요한 명령으로, 즉 '들어라!'로 귀결되었다. 셰마(Shema, '듣다')라고 알려진 이 명령은 유대인 성인 남자들이 매일 두 번씩 암송해야 하는, 유대교의 하느님 이해의 주춧돌이다. 히브리어로 "들어라 이스라엘아! 아도나이 우리 주 아도나이 하나(shema Israel: Adonai Eloheynu Adonai ehad)"인 이 명령을 영어로는 "들어라, 이스라엘아 (Hear, Israel)" 다음에 "야훼 우리 하느님 야훼 하나(YHWH our God YHWH One)", "주는 우리 하느님, 주는 하나(The Lord is our God, the Lord is One)", "주 우리 하느님은 한 분이신 주(The Lord our God is the Lord alone)" 등으로 옮기는데, 번역이 조금씩 다른 이유는 히브리어 구절에 영어의 'is'에 해당하는 낱말이 없기 때문이다. 정확한 의미가 무엇이든, 이 명령이 단언하는 바는 분명하다. 유대교의 신 외에 다른 신은 없다는 것이다. 이것이 '일신교', 즉 하느님의 유일성(히브리어로 이후드 하셈yihud haShem)의 토대다. 위대한 유대인 철학자로 율법을 체계화한 마이모니데스(Maimonides, 1135~1204)는 이렇게 말했다.

하느님은 하나다. 하느님은 둘 중 하나이거나 둘 이상이 아니라 하나다. 우주에는 '하나'라고 부르는 사물들이 있지만, 그것과 하느님의 유일성은 전혀 다르다. 하느님의 유일성은 여럿 가운데 하나도 아니요, 여러 부분으로 이루어진 하나의 물체도 아니다. 하느님의 유일성을 닮은 단일성은 세상에 없다.

이 유일신과 맺은 협약 또는 계약이 유대 민족을 결속한다. 그들은 만물을 창조하고 질서를 부여하는 하느님이 계약을 주도하셨고, 선택받은 특별한 민족인 자신들에게 온 세상을 대표하여 '하느님의 눈길 아래 하느님의 힘으로' 산다는 것이 어떤 의미인지를 입증하라 명하셨다고 믿는다.

"지극히 높으신 이, 보좌에 영원히 앉아 계시는 이, 거룩하신 분이라 불리는 이"(「이사야서」 57:15)인 하느님과 긴밀한 유대 관계를 지닌 유대 민족은 하느님과 똑같이 거룩하게 살아가야 한다. 계약의 조항과 조건은 어떻게 하면 거룩하게 살아갈 수 있는지, 그리고 어떻게 명령에 복종하여 이스라엘 민족이 될 수 있는지를 말해준다. "나 야훼 너희 하느님이 거룩하니, 너희도 거룩한 사람이 되어라"(「레위기」 19:2). 이런 이유로 유대인은 계약의 민족을 특징짓는 표지를 고수한다. 예를 들어 그들은 엿새 동안 세상을 창조하고 이레째 쉬신 하느님을 본떠 '안식일을 거룩하게 지킨다'(「출애굽기」 20:8~11).

계약의 함의는 올바로 살아가는 길이 있고 인간이 그 길을 알 수 있다는 것이다. 예언자 미가는 그 길을 간략하게 설명했다. "야훼께서 무엇을 좋아하시는지, 무엇을 원하시는지 들어서 알지 않느냐? 정의를 실천하는 일, 기꺼이 은덕에 보답하는 일, 조심스레 하느님과 함께 살아가는 일, 그 일밖에 무엇이 더 있겠느냐?"(「미가서」 6:8) 계약의 조항과 조건에 부합하는 길을 '걸어간다'면, 유대 민족은 하느님의 보호와 인도, 축복을 받을 것이다. 그러지 않으면 벌을 받을 것이고, 특히 하느님이 파리떼와 벌떼처럼 불러오는(「이사야서」 7:18) 다른 민족들에게 시달릴 것이다. 이 믿음은 유대교에서 하느님 이해의 근간을 이룬다. 예를 들어 「신명기」는 그 믿음을 이렇게 요약한다.

그러므로 너희는 알아야 한다. 너희 하느님 야훼 그분이야말로 참하느님이시다. 당신을 사랑하여 당신의 계명을 지키는 사람에게는 천 대에 이르기까지 사랑으로 맺은 계약을 한결같이 지켜주시는 신실하신 하느님이시다. 그러나 당신을 싫어하는 자에게는 벌을 내려 멸망시키는 분이시다. 당신을 싫어하는 자는 바로 그 본인에게 지체 없이 벌을 내리신다. 그러니 너희에게 오늘 내가 명령하는 계명에 딸린 규정과 법령을 너희는 지켜야 한다.

유대인은 그들 자신만을 위해서가 아니라 온 세상을 위해, 하느님과 하나가 된다는 것이 실제로 어떤 의미인지를 모든 사람에게 보여주기 위해 계명에 복종한다.

나 만군의 야훼가 말한다. 앞으로는 말이 다른 종족의 열 사람이 유다 사람 하나의 옷자락을 붙잡고 '하느님께서는 당신들과 함께 계신 줄 압니다. 그러니 우리도 함께 데려가주십시오' 하고 부탁하리라.(「즈가리야서」 8:23)

유대인은 하느님이 다른 모든 거짓 신과 우상을 대체하고 선택받은 민족을 통해 새로운 세계를 창조하시리라 전망한다.

하늘을 창조하여 펼치시고 땅을 밟아 늘이시고 온갖 싹이 돋게 하신 하느님, 그 위에 사는 백성에게 입김을 넣어주시고 거기 움직이는 것들에게 숨결을 주시는 하느님 야훼께서 이렇게 말씀하신다.

"나 야훼가 너를 부른다. 정의를 세우라고 너를 부른다. 내가 너의 손을 잡아 지켜주고 너를 세워 인류와 계약을 맺으니 너는 만국의 빛이 되어라. 소경들의 눈을 열어주고 감옥에 묶여 있는 이들을 풀어주고 캄캄한 영창 속에 갇혀 있는 이들을 놓아주어라. 나는 야훼다. 이것이 내 이름이다. 내가 받을 영광을 뉘게 돌리라? 내가 받을 찬양을 어떤 우상에게 돌리랴?

전에 말한 일들은 이미 이루어졌다. 이제 새로 될 일을 내가 미리 알려준다. 싹도 트기 전에 너희의 귀에 들려준다."(「이사야서」 42:5~9)

이 요구는 유대인에게 버거운 의무였다. 특히 신앙을 지키려 애쓰면서도 홀로코스트(히브리어로는 '재앙'을 뜻하는 하쇼아 haShoa)로 극에 달한 끝없는 박해로 고통받아온 유대인에게는 벅찬 의무였다. 유대인이 그 재앙을 당할 때 계약이 약속하는 하느님은 어디에 있었는가? 어떤 이들에게 그 재앙은 열한 번째 계명이 "살아남아라"일지 모른다고 짐작게 할 정도로 신앙을 극한까지 시험한 사건이었다. 다른 이들에게 그 재앙은 설명할 수 없는 일이었다.

솔리 기트닉은 기도를 드렸다
욕실 계단에 선 채로
"주여, 우리는 당신께서 선택하신 민족입니다.
제발 부탁드리오니 우리 대신 다른 민족을 선택하소서."
하느님은 그렇게 했다. 또는 다른 이들은 그렇게 생각했다.
하느님의 이름으로 그들은 추적해서 잡았다
기도 중인 젊은 솔리 기트닉을

그리고 그 욕실 계단에서 죽였다.

이 시 「반유대주의Anti-Semitism」는 하느님 이해와 특징짓기에 일어난 또다른 급진적 변화를 가리킨다. 다고베르트 D. 루네스(Dagobert D. Runes)가 말한 '유대인에게 맞서는 전쟁'을 묘사하기에 '급진적 변화'는 분명 너무도 온건한 표현이지만 말이다.

역사상 알려진 어떠한 집단, 민족, 민족 연합도 그리스도인들이 유대인들에게 자행한 정도로 불운한 소수집단에 그토록 오랫동안 그렇게 가학적인 잔혹행위를 자행하지 않았다. 그리스도교의 특정 교파가 아니라 **모든** 교파가 자행했고, 특히 가톨릭 교파들이 열을 올렸다.

룬스가 말하는 포그롬[pogrom, 특정한 민족 또는 종교집단, 특히 유대인을 겨냥한 조직적인 학살이나 박해—옮긴이]을 자행한 이들은 그것이 하느님께서 원하시는 일이라고 믿었다. 이런 사태는 줄잡아 말해도 기존의 하느님 이해와 특징짓기를 갈라놓는 변화였다.

제 4 장

아브라함의 종교들: 그리스도교의 신 이해

그리스도인이 반유대주의와 유대인 박해에 가담하는 것이 더욱 비극적이고 참담한 이유는 초창기 '그리스도인'이 대부분 유대인이었기 때문이다. 그렇지만 그들은 예수라 불리는 갈릴리 출신 사람이 하느님께서 약속하신 메시아라고 믿은 유대인이었다(유대교의 메시아 이해는 제3장 참조). 히브리어 하마시아흐(hamashiach, '기름 부음 받은 자')의 그리스어 번역어는 호 크리스토스(ho Christos)이고, 여기서 예수 그리스도가 유래했다. 그리스도가 죽고 몇 년이 지난 뒤에야 그를 믿는 신자들이 '그리스도인'이라 불리게 되었다(「사도행전」 11:26).

이것은 오늘날 그리스도교라고 알려진 운동이, 당시 하느님과의 계약 관계 안에서 살아간다는 것의 의미를 둘러싸고 제기된 여러 해석 가운데 하나로서 출발했음을 뜻한다. 유대인들은 하느님께서 계약의 민족으로 살아갈 것을 명하셨고 자신들이 토라에 담긴 그 계약의 기본적인 조항과 조건을 안다는 믿음을 공유했다. 그러나 끊임없이 변화하는 세계에서 하느님의 명령과 금지령을 어떻게 준수해야 하는가? 로마의 통치를 받는 예루살렘에서의 삶은 시나이 사막에서의 삶과 전혀 달랐고, 성전에서 올리는 의례와 전례는 별 아래서 올리는 제사와 딴판이었다. 하느님은 이제 무엇을 원하시는가?

계약과 토라

서기 1세기(예수가 살아 있던 때)에는 이 물음에 대한 상이한 답이 많았다. 어떤 이들은 과거로부터 물려받은 문헌과 전통을 되도록 엄밀하게 고수해야 한다고 생각했다(성서를 구성하는 하세파림, 즉 책들의 최종 목록은 200년이 더 지나도록 결정되지 않았지만, 그중 대부분은 이미 하느님에게서 연원하는 권위를 지닌 것으로 인정받고 있었다). 문헌 보수파 가운데 예루살렘 성전의 제사장들과 그들의 동료들로 이루어진 사두가이파(Sadducees)는 하느님이 명령한 바를 최대한 엄밀하게 지켰다. 예를 들어 그들은 내세에 대한 언급이 모세오경(토라)에 없다는 이유로 죽음 이후에 삶이 있다는 추정을 받아들이지 않았다.

다른 이들은 문헌의 권위를 부인하지 않으면서도 하느님의 명령과 금지령을 새롭게 변화한 환경에 적용할 수 있어야 한다고 생각했다. 예를 들어 예루살렘 성전은 계속 세계의 중심으로 남았지만(중세 후기 지도들도 그 위치를 표시했다), 당시 유대인은 디아스포라(Diaspora, 그리스어로 '분산'을 뜻한다)를 통해 지중해 세계 전역으로 흩어져 있었다. 이른바 랍비 유대교는 지중해(오늘날에는 세계)의 끝에서도 계약의 조항들을 지킬 수 있는 방안을 찾아냈다. 예컨대 그들은 지역의 중심지로서 예루살렘 성전과 병행하여 운영하면서 동일한 관례를 실천하는 '회합 장소'인 시나고그(Synagogue)를 창안했다—서기 135년 예루살렘이 파괴된 이후 시나고그는 한층 중요해졌다.

또한 랍비 유대교는 유대인들이 계약의 조항과 조건을 지킬 수 있도록 토라를 '생활에 알맞게' 해석하는 법을 개발했고, 그로써 "나 야훼 너희 하느님이 거룩하니, 너희도 거룩한 사람이 되어라"(「레위기」 19:2)라는 근본 명령을 성전이 자리한 보호 구역의 엘리트만이 아니라 어디서 살든 유대인 누구나 준수할 수 있게 했다. 예를 들어 랍비 유대교는 안식일을 거룩하게 지키라는 간단한 명령에 온갖 질문(가령 안식일에 승강기 버튼을 누르는 것은 일로 간주되는가?)을 하고 온갖 답을 내놓았는데, 해석이 어찌나 분분했던지 "머리카락 한 올에 산이 매달린"(안식일 준수와 관련된 성서 구절은 적은 반면에 규범은 많은 상황을 빗댄 표현─옮긴이] 듯했다.

이 '해석자들'은 페루쉼(perushim, '분리된 자')으로 알려졌고, 영어식으로는 바리사이파(Pharisees)로 알려졌으며, 결국에는 랍비들이라 불리게 되었다. 그들의 목표는 유대인들이 하느님과의 계약에 따라 살도록 돕는 것으로, 율법의 세부까지 본래 계시된 그대로 엄수해야 한다고 역설하는 문자주의자들(사두가이파 같은)의 목표와 상충되었다. 해석자들 중에는 두 파가 있었다. 다수파는 하느님과의 계약 관계로 살아가도록 **돕는** 해석을 찾았다. 소수파는 이제 율법을 새로운 환경에 맞추어 해석했으므로 반드시 지켜야 한다고 역설했다. 그들에게 율법을 어길 핑계는 없었다(이들이 복음서에서 엄격주의자라는 공격을 받는 바리사이파다). 이 분열은 오늘날에도 초정통파 유대인(율법의 세부를 고집하는 하레딤Haredim 같은)과 개혁파 유대인 또는 자유주의적 유대인을 갈라놓고 있다. 그리고 그 결과는 '하느님께서 원하시는 것'에 대한 서로 다른 이해다.

예수가 살아 있던 시절에 계약의 민족으로서 살아가는 것이 실제로 어떤 의미여야 하는지를 둘러싼 논쟁이 한창이었다. 초기에 예수는 유대교 회당이 많은 갈릴리에서 가르쳤고, 하느님과의 계약을 살기에 알맞게 만들고 그리하여 지상에 하느님 나라를 세우고자 했던 자들을 단호히 편들었던 것이 분명하다. 예수는 추종자들에게 이렇게 기도하라고 가르쳤다.

"온 세상이 아버지를 하느님으로 받들게 하시며 아버지의 나라가 오게 하소서."

그런데 그 나라는 어떤 모습으로 오는가? 예수는 대체로 성서 시대의 하느님 이해와 특징짓기를 공유했지만, 하느님의 지상 통치 또는 나라의 실제 의미는 아주 독자적인 방식으로 이해했다.

기본적으로 예수는 율법의 세부를 엄격히 준수해야만 '지상에서 하느님의 뜻을 실천'할 수 있다고 믿지 않았다. 예수는 하느님을 믿고 이웃을 사랑하는 모든 사람에게 아무런 조건 없이 그 나라가 열려 있다고 믿었다. 여러 계명 가운데 무엇이 첫째가는 계명이냐는 물음에 예수는 성서의 두 대목(「신명기」 6:5와 「레위기」 19:18)을 합해서 답했다.

'네 마음을 다하고 목숨을 다하고 뜻을 다하여 주님이신 너희 하느님을 사랑하여라.' 이것이 가장 크고 첫째가는 계명이고, '네 이웃을 네 몸같이 사랑하여라' 한 둘째 계명도 이에 못지않게 중요하다. 이 두 계명이 모든 율법과 예언서의 골자이다.

예수는 하느님 나라와 그 의미에 관해 (특히 비유를 들어) 가르쳤지만, 그 의미를 행동과 삶으로 옮기기도 했다. 하느님 나라는 먼 미래에만 있는 것이 아니다. 하느님 나라의 실재를 나타내는 징표들은 이미 여기에 있으며, 예수는 하느님 나라의 의미를 가르치는 방식만이 아니라 사람들을 치유하고 그들이 죄를 용서받았다고 선언하는 방식으로도 그 징표들을 가리켰다. 이 모든 것은 완전히 무조건적이다. 다시 말해 율법을 지키는지, 또는 하느님에 관해 올바로 생각하는지 여부와 무관하다. 예수에 따르면 하느님을 믿고 사랑하는(유대인뿐 아니라 비유대인도 할 수 있다) 열린 마음이 가장 중요하긴 해도 그마저도 하느님의 치유와 용서를 받는 데 필요한 조건은 아니다. 이 맥락에서 보면, 율법 준수는 하느님께 인정받기 위한 필요조건도 아니고 인정을 보장하는 충분조건도 아니다.

예수와 하느님

예수는 하느님께서 빈자를 부자 앞에, 죄인을 독선가 앞에, 아이를 교사 앞에, 꼴찌를 일등 앞에 놓는 식으로 통념과도 같은 숱한 태도(대개 편견)에 도전하여 그것을 뒤집으신다고 보았다. 예수는 하느님께서 길을 잃은 이들을 찾고 발견하기 위해 얼마나 애쓰시는지를 강조했고, 어린아이처럼 방어할 힘이 없는 이들을 업신여기거나 다치게 하는 자들에게 닥칠 하느님의 진노를 경고했다.

비록 예수가 하느님과의 계약을 규정하는 율법을 준수해야 한다는 데 역점을 두지는 않았지만, 예수의 가르침을 하느님과 계약 관계로 살아간다는 것이 어떤 의미여야 하는가라는 문제에 대한 하나의 해석 정도로 여길 수도 있었을 것이다. 그러나 예수는 하느님으로부터 직접 명을 받는다고 주장하면서 눈에 띄게 독자적으로 행동하고 가르친다는 점에서 다른 해석들에 방해와 위협이 되었다. 예수는 하느님만이 할 수 있다고 믿던 일들을 실제로 해냈다. 병자를 치유하고 죄를 용서했는가 하면 거짓일 리 없는 명백한 권위로 하느님의 의미와 함의에 대해 가르쳤다. 예수를 직접 만난 많은 사람들에게 그는 자신의 인격을 통해, 몸소 말과 행동으로 '지상의 하느님 나라'의 의미를 표현하는 것으로 보였다.

예수를 만난 사람들이 그를 통해 하느님의 권능이 극적으로 작용한다고 보았다는 것은 의심할 여지가 없다. 예수의 권능이 너무도 인상적이었기에 당대인들은 '다이너마이트(dynamite)'와 '원동력(dynamic)'의 어근인 그리스어 뒤나미스(dunamis)라는 낱말로 그 권능을 가리켰다. 예수의 적들조차 그를 통해서 무언가 예사롭지 않은 일이 벌어지고 있음을 부인하지 않았다. 다만 그들은 예수가 하느님께 진실로 순종하는 유대인들을 나쁜 길로 꾀기 위해 베엘제불이라는 마귀의 힘을 빌려 그런 일을 벌이는 것이 틀림없다고 말했다.

이처럼 하느님의 권능은 예수에 의해 생생한 활기를 얻었지만, 예수는 기억에 남는 그런 일들 가운데 어느 것도 자신의 능력과 힘으로 했다고 주장하지 않았다. 언제나 예수는 자신이 아버지라 부르는 하느님으로부터 그런 능력과 힘이 나온다고 말했다. 그런 까닭에 예수의 첫 추종자들이 그의 모습을 보거나 말을 들어 때면 하느님께서 예수를 통해 평범한 인간의 능력을 훌쩍 넘어서는 방식으로 말씀하고 행동하시는 것처럼 보였다. 정신 나간 소리처럼 들릴지 몰라도, 마치 그들이 갈릴리에서 하느님을 만난 듯했다.

십자가형과 부활

예수가 갈릴리에 머물렀다면 우리는 그에 관해 많이 듣지 못했을 것이다. 예수는 하느님과의 계약에 대해 흥미롭고 독자적인 이해를 제시한 아무개 정도로 그쳤을 것이다. 당시 갈릴리에는 장차 역사의 각주로 사라질 다른 교사들과 기적을 행하는 자들(비를 부르는 기우사祈雨士 호니Honi 같은)이 수두룩했다. 그러나 다시 한번 예수는 자신의 하느님 이해를 예루살렘으로 가져가는 색다르고 독자적인 행보를 펼쳤다. 성전이 자리한 예루살렘은 하느님 이해의 진위와 타당성을 판결하고 결정할 수 있는 유일한 장소였다. 그곳에서 예수는 개인적이고 독자적인 가르침으로 성전을 위협한다는 죄로 고발당했는데, 「신명기」 17장에 따르면 그런 범행은 이스라엘을 파괴할 가르침이므로 사형으로 처벌해야 했다. 그 결과 예수는 범죄자를 처형할 권한을 가진 로마인들에게 인도되어 십자가에 못박혔다.

그리고 십자가형을 받은 것으로 이야기가 끝날 수도 있었다. 그러므로 근본적인 물음은 예수 추종자들(갈릴리에서 하느님을 만났다고 믿은 사람들)이 처형된 범죄자가 진정 '그리스도'라는 믿음을 계속 고수한 이유가 무엇이냐는 것이다. 예수 본인은 자신이 약속된 메시아이기에 지금처럼 말하고 행동한다는 믿음을 물리쳤다(그렇다고 완전히 배제했던 것은 아니다). 오히려 예수는 스스로를 '사람의 아들'이라 불렀다. (칭호가 아닌) 이 표현은 성서에서 '다른 모든 사람처럼 죽을 수밖에 없지만 장차 하느님의 구원과 변호를 받을 사람'이라는 뜻으로 쓰인다. 예수는 분명 구원받지 못하고 죽었다. 십자가에서 예수는 부르짖었다. "나의 하느님, 나의 하느님, 어찌하여 나를 버리셨나이까?"

그렇다면 초기 추종자들은 어떻게 예수가 약속된 그리스도라고 믿을 수 있었을까? 그들은 예수가 십자가에서 죽었다는 것을 틀림없이 알고 있었지만, 그들의 말마따나 예수가 죽은 후에 살아 있다는 것도 똑같이 확실하게 알고 있었다. 처음에 그들은 예수의 부활을 도무지 믿을 수 없었지만, 몇몇이 예수의 무덤에 가보니 시체가 없었거니와 살아 있는 예수를 보기까지 했다고 증언하고 나섰다. 점점 많은 사람들이 그런 증언에 설득되었는데, 특히 그들이 일찍이 경험했던 하느님의 뒤나미스(하느님의 권세와 영향력)가 그들 사이에서 여전히 극적으로 작용하고 있음을 확인했기 때문이다.

예수의 실제 부활을 기술하는 증언은 없고 예수가 여러 사람에게 나타났다는 증언만 있다. 그들이 만난 이는 틀림없이 예수였지만, 그 모습은 되살아난 시체를 닮은 모습이 결코 아니었다. 일각에서는 예수가 십자가에서 죽지 않고 끌어내려져 살아남았다든지, 예수가 죽었으나 추종자들이 그를 잊지 못하고 그의 가르침과 영감이 자신들 안에 여전히 살아 있다고 확신했다든지 하는 가설을 거론하면서 부활은 불가능한 일이라고 주장해왔다.

예수의 부활을 그럴듯하게 설명하려는 이런 시도가 가당치 않은 이유는 가장 명백한 역사적 사실, 즉 신약성서라는 역사적 사실을 설명하지 못하기 때문이다. 무엇이 이 유일무이하고 비범한 문서들을 생겨나게 했는가? 신약성서의 엄연한 역사적 사실은 그것이 존재한다는 것이다. 고대 세계의 모든 저작 가운데 신약성서는 유일무이하다. 신양성서는 그리스 세계에서 쓰인 다른 저작들과 비슷하게 인생사와 편지를 포함하고, 다른 유대교 저작들과 비슷하게 묵시록적이다. 그

러나 신약성서를 이루는 글들은 예수의 유일무이하고 완전
히 다른 삶과 죽음, 그리고 그리스도인들의 믿음대로 죽음 이
후의 삶의 산물이라는 점에서 다른 저작들과 완전히 다르다.
또한 신약성서는 예수를 알았던 사람들의 삶이 그들이 처음
에는 '스승'이라 불렀고 부활 이후에는 "나의 주님, 나의 하느
님"—부활한 예수를 직접 보고 확신하기 전까지 예수가 죽음
이후에 살아 있을 가능성을 조롱했던 토마의 응답(사진 4 참
조)—이라고 부른 이로 인해 철저히 탈바꿈한 방식의 산물이
기도 하다.

초기 그리스도인들은 예수를 '그리스도'(메시아)라고도 불
렀는데, 그들과 다른 이들에게 예수가 (제3장에서 메시아를 가
리킨 표현을 인용하자면) '하느님의 축복이 흐르는 수로'였기 때
문이다. 예수를 만난 사람들에게 그가 끼친 어마어마한 영향
은 그의 죽음 이후에도 지속되었다. 예수가 십자가에 못박히
고 부활한 이후, 예수를 통해 이미 수많은 사람들의 삶을 바꾸
었던 하느님의 권능은 더이상 갈릴리나 유다에서 예수를 직
접 만난 사람들로 국한되지 않았다. 예수가 죽기 전날 밤에 의
도하고 실행한 대로, 그것은 온 세상을 아우르는 보편적인 권
능이 되었다.

예수는 하느님께서 이스라엘 백성들을 이집트에서 구해주
신 출애굽을 기념하는 명절인 유월절을 지키기 위해 마지막

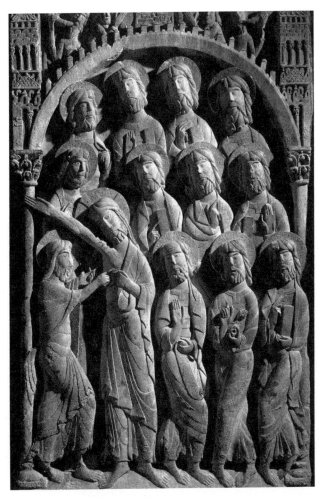

4. 에스파냐 북부에 있는 산토도밍고 데 실로스(Santo Domingo de Silos) 수도원 회랑의 이 조각은 예수가 죽었다가 살아났음을 (부활을 의심했던) 사도 토마가 확인하는 모습을 보여준다.

으로 예루살렘을 찾았다. 예수는 하느님께서 자신을 통해 당신의 권능과 동일한 권능(뒤나미스)으로 말씀하고 행동하시어 수많은 이들의 삶을 영원히 바꾸셨음을 알고 있었다. 그러나 예수는 자신의 생활방식이 곧 성전 당국에 대한 도전이기에 목숨이 위태로워진다는 것도 알고 있었다. 최후의 만찬에서 예수는 가까운 제자들에게 지상에서 그들과 다시 식사하지 못할 것임을 분명히 밝혔다.

식사 자리에서 예수는 제자들에게 나는 곧 죽을 테지만 너희와 계속 함께 있을 것이고, 그러니 나를 통해 너희가 겪은 하느님의 모든 권능이 계속 함께하리라는 메시지를 전하려했다. 허황된 말처럼 들렸기에 제자들은 예수의 말이 의미하는 바를 이해하지 못했다. 그래서 예수는 그 무렵 예언자들이 메시지의 긴급성을 똑똑히 각인시키기 위해 하던 대로 자신의 말을 행동으로 옮겼다. 예언자들은 그런 행동으로 미래의 어떤 사건을 확실하게 일으킬 수 있다고 믿었다.

예수는 빵을 들고 말했다. "이것은 너희들을 위하여 주는 내 몸이니 나를 기억하여 이 예를 행하여라." 또 포도주가 담긴 잔을 들고 말했다. "이것은 내 피로 맺는 새로운 계약의 잔이니 마실 때마다 나를 기억하여 이 예를 행하여라."

복음서들과 바울로의 기록이 조금씩 다르기 때문에 예수의 정확한 발언은 불확실하다. 그럼에도 예수가 자신에게 닥칠 일을 알고서 새로운 계약을 창안했고, 그로써 지금 자신을 통해 하느님과 맺는 관계가 자신을 기억하여 '~할 때마다, ~할 때마다'(「고린토인들에게 보낸 첫째 편지」 11장 24절부터 이 표현이 거듭 나온다) 미래에도 지속되도록 의도했다는 것은 분명하다.

예수는 계속 함께 있겠다는 약속을 최후의 만찬에 참석한 제자들만을 위해서 한 것이 아니라, 「마르코의 복음서」 14장 24절의 구절대로 "많은 사람을 위하여"(즉 무수한 사람들을 위하여) 했다. 그 이후 그리스도인들은 예수의 약속이 진실임을 발견해왔지만, 예수는 어떻게 그들과 함께 있겠다는 것인지 설명하지 않았다. 그 결과 그리스도인들이 함께 모여 성만찬을 기념할 때 무슨 일이 일어나는지를 각기 다르게 이해하는 여러 견해가 나타났다. 이를테면 빵과 포도주가 그리스도의 몸과 피가 된다는 믿음부터 빵과 포도주가 그리스도의 몸과 피를 상징한다는 믿음까지 다양한 견해가 있다.

그 견해들 모두의 공통점은 예수의 말씀과 행동을 되풀이하는 예를 올림으로써 "내가 세상 끝날까지" 너희 가운데 진실로 있겠다는 예수의 의도 및 약속과 신자들이 연결된다고 믿는다는 것이다.

하느님의 아들

예수의 추종자들은 이 모든 것이 진실임을 발견하고서 예
수를 그리스도라고만 부르지 않고 하느님의 아들이라고도 불
렀다. '하느님의 아들'이라는 표현은 당시만 해도 그저 '하느
님의 부름에 복종하는 사람'을 의미했을 것이다. 그러나 예수
는 훨씬 더 확고한 의미로, 즉 하느님과 유일무이하게 가까운
관계인 사람이라는 뜻으로 '하느님의 아들'이라 불렸다. 그들
은 이 사람, 지난날 자신들과 함께 생활했고 자신들이 아주 잘
아는 이 사람이 자신들 가운데 있는 하느님이라고 믿었다.

일각에서는 이 모든 믿음이 그리스도교 신앙에서 훨씬 나
중에야 나타났다고 생각해왔다. 다시 말해 평범한 스승 겸 치
료사가 시간이 지남에 따라 점차 존귀해져 결국 하느님의 아
들이 되었다고 생각해왔다. 이는 명백히 그릇된 생각이다. 예
수가 십자가형을 받고 겨우 몇 년 후에 쓴 바울로의 서한을 포
함해 **초창기**부터 신약성서의 글들은 줄곧 예수에게 가장 높은
지위와 칭호를 바쳤고, "모든 것이 예수의 이름을 받들어 무릎
을 꿇고 모두가 입을 모아 예수 그리스도가 주님이시라 찬미"
(「필립비인들에게 보낸 편지」 2:10~11)했다. 「골로사이인들에게
보낸 편지」(일각에서 의심하긴 해도 바울로가 저자일 것이다)는
예수 그리스도를 가리켜 주님이라고 쓰고 "보이지 않는 하느
님의 형상이시며 만물에 앞서 태어나신 분이십니다. (…) 만물

은 그분을 통해서 그리고 그분을 위해서 창조되었습니다. 그
분은 만물보다 앞서 계시고 만물은 그분으로 말미암아 존속
합니다"(1:15~17)라고 말한다. 신약성서의 초기 글들은 그리
스도를 인간명인 예수로 불렀지만, 그 바탕에는 예수는 하느
님의 자기표현, 하느님의 말씀, 사람이 되셔서 우리와 함께 계
신, 은총과 진리가 충만한 분이라는 믿음이 있었다(「요한의 복
음서」1:14).

요컨대 십자가형 이후 불과 몇 년 만에 초기 그리스도인들
은 하느님께 바치는 흠숭과 경배를 예수에게도 바칠 정도로
하느님과 예수를 밀접하게 연관지었다. 그들은 예수의 죽음이
죄와 죽음의 힘을 상대하고 승리를 거두시는 하느님의 사역
이었다고 믿었다. 이런 특이한 주장들이 십자가에 못박힌 사
람과 관련하여 제기되었으며, 초기 교회의 역사는 최초의 그
리스도인들이 여태껏 일어난 일들의 함의를 이해하고자 고투
했음을 보여준다.

가장 명백한 첫번째 함의는 유대교의 하느님 이해가 지속
된다는 것이었다. 하느님을 일자로, 모든 사물과 사람의 창조
주로, 이스라엘 민족에게 온 세상을 대표하여 특정한 봉사와
순종을 행하라고 명하신 분으로 이해하는 근본적인 견해는
바뀌지 않았고, 하느님을 모든 민족을 다스리고 통제하는 최
고의 군주 또는 통치자로 이해하는 견해도 바뀌지 않았다.

예수가 그리스도라는 믿음의 결과로 **바뀐** 것은 하느님이 누구이고 하느님이 어떻게 세상과 연관되느냐는 물음에 대한 그들의 이해였다. 그들이 보기에 예언자들의 꿈, 즉 언젠가 "바다에 물이 넘실거리듯 땅에는 야훼를 아는 지식이 차고 넘치"(「이사야서」 11:9, 「하바꾹서」 2:14)는 날이 오리라는 꿈이 갑작스럽고도 놀랍게 실현된 듯했다. 이스라엘 민족을 치유와 심판, 용서, 구속(救贖)으로 이끌려는 하느님의 목표는 그리스도를 통해 온 세상으로 확대된다. 바꾸어 말하면, 그 목표는 보편화된다.

교리의 펼쳐짐: 그리스도론, 속죄, 삼위일체

예수를 통해 하느님의 계약과 목표를 모든 사람에게 보편화한다는 생각은 예수와 하느님의 관계에 대한 중대한 물음들을 불러일으켰다. 예수는 갈릴리와 유다에서 다양한 방식으로 많은 사람들의 삶에 하느님의 영향을 틀림없이 끼쳤다. 그러나 예수는 그런 말과 행동을 자신의 힘으로 혼자서 하는 것이 아니라 (자신이 아버지라 부른) 하느님께서 자신을 통해 하시는 것이라고 단언했다. 예수의 첫 추종자들은 유일무이하고 틀림없는 방식으로 하느님의 진리와 결과를 육화한 사람을 "눈으로 보고 실제로 목격하고 손으로 만져보았습니다"(「요한의 첫째 편지」 1:1). 예수의 이런 성취는 그들이 익히 알던 당대의 스승들과 치료사들의 모든 성취를 크게 능가하는 것이었다.

그렇다면 당장 의문이 떠오른다. 하느님은 어떻게 십자가 위에서의 죽음으로 입증된 예수의 인성(人性)을 손상시키거나 압도하지 않으면서도 예수의 위격 안에 온전히 현존하시고 그를 통해 현존하실 수 있는가? 후대의 표현으로 바꾸어 말하면 이것은 곧 예수가 어떻게 진정으로 하느님이면서도 온전히 인간일 수 있느냐는 물음이었다.

이것이 그리스도의 위격과 본질을 숙고하는 그리스도론이라는 문제다. (오늘날까지 계속되는 논쟁과 논증이 수백 년간 이어진 후에) 결국 예수는 한 위격 안에서 신성과 인성을 통일하고, 그러면서도 하느님임의 의미를 훼손하지 않고 인간임의 의미를 없애지 않는다는 그리스도교 신앙이 널리 받아들여졌다. 요컨대 예수는 더 뛰어났던 몇몇 순간만이 아니라 시종일관 하느님의 실재를 육화(영어로는 라틴어 in carne에서 유래한 'incarnation')한 인간이었다는 것이다. 「히브리인들에게 보낸 편지」 4장 15절대로 예수는 우리와 마찬가지로 모든 일에 유혹을 받았으나 죄는 짓지 않은 누군가였다.

그렇지만 다른 모든 인간에게 죄(사람들이 저지르는 나쁜 일들, 사람들과 하느님의 간극)는 인생에서 피할 수 없는 현실로 남아 있다. 사람들이 하느님과 화해하고 서로 화해하려면, 죄

를 처리해야 하고 그 간극을 메워야 한다. 「창세기」 3:11~19
의 이야기에 따르면, 죽음은 아담과 이브가 하느님을 거역한
결과다. 또한 불순종은 그들과 하느님의 사이가 멀어진 원인
이기도 하다. 하느님 말씀에 따르지 않은 결과로 그들은 에덴
동산에서 내쫓겼고, 산들바람 부는 동산을 거니시는 하느님
을 더는 만날 수 없게 되었다(「창세기」 3:8). 그리스도인들은
하느님께서 예수로 육화하여 십자가형과 부활에 참여함으로
써 죽음에 결정적인 승리를 거두셨다고 믿게 되었다. 그 승리
로 하느님은 죽음의 힘을 파괴하셨고, 그리하여 인간이 스스
로는 도저히 할 수 없는 일을 대신 해주셨다. 에덴동산에서의
추방은 이제 끝났고, 사람들은 다시 한번 하느님과 '하나'가
된다. 요컨대 특정한 환경에서 해마다 한 번씩 속죄일(Day of
Atonement)이 해내는 역할을 그리스도교 신앙의 십자가 수난
은 모든 사람을 위해 영원히 해낸다. 다시 말해 하느님과 '하
나 되기(at-one-ment)'를 보편화한다.

　그런데 어떻게 해내는가? 이것은 속죄라는 문제다. 십자가
에서의 죽음이 어떻게 예수 이전 시대와 이후 시대를 막론하
고 다른 사람들, 무수히 많은 다른 사람들에게 영향을 끼치
고 그들의 속죄를 이루어내는가? 신약성서에는 이 물음에 답
하는 많은 이들이 있으며, 그들은 주로 당대의 세계에서 끌어
낸 은유를 들어 답한다. 성전에서 바치는 제물의 효험에서 그

런 은유를 얻은 이들은 「히브리인들에게 보낸 편지」에서 이
제 그리스도인들에게 더 나은 제물(9:23), 더 위대한 사제
(4:14~16), 더 좋은 계약(8:6)이 있다고 주장한다. 다른 은유
는 노예를 구입한 다음 자유롭게 풀어주려면 값을 치러야만
한다는 것이다. 다른 은유는 범죄자를 대신해 응당 받아야 하
는 형벌을 받은 다음 고발을 무시하거나 간과하는 것이 아니
라 완전히 취하한다는 것이다. 다른 은유는 그리스도를 죽음
을 이긴 승리자 그리스도(Christus Victor)로 본다. 「창세기」 이
야기와 연결되는 이 은유는 후손에게 죽음이라는 벌을 물려
주는 첫번째 아담과, 죽음을 파괴하고 죽음을 받을 사람들에
게 영생이라는 선물을 물려주는 두번째 아담 그리스도를 대
비한다. 그 삶은 '그리스도에' 푹 잠긴 채 세례라는 은유적 죽
음으로 시작하는, 현세에서는 이미 다 겪은 삶이다. 바울로의
말대로 그리스도인들은 "이 세상에서는 이미 죽었기 때문입니
다. 여러분의 참생명은 그리스도와 함께 하느님 안에 있어서
보이지 않습니다"(「골로사이인들에게 보낸 편지」 3:3).

앞서 말한 두 문제(그리스도론과 속죄)는 셋째 문제를 불러일
으켰다. 이 모든 것은 하느님의 본질과 존재와 관련해 무엇을
함축하는가? 하느님은 어떻게 예수의 위격 안에 온전히 현존
하면서도 우주를 관장하실 수 있는가? 그리고 하느님은 어떻
게 전 세계의 사람들과 사건들에 동시에 능동적으로 작용할

수 있는가? 성서는 하느님의 활동을 끊임없이 묘사하고 특히 하느님의 숨결 또는 영이라는 표현으로 그 활동에 대해 말한다. 예를 들어 하느님의 숨결은 예언자 같은 사람들에게 영감을 주고(inspire, 라틴어로는 '숨을 내쉬다'를 뜻하는 in+spiro), 브라셀 같은 사람들을 "지혜와 재간과 지식"(「출애굽기」 31:3)으로 채우고, 오드니엘 같은 사람들을 전쟁터에 나가게 한다(「판관기」 3:10).

'영(spirit)'으로 옮기는 히브리어 낱말 루아흐(ruach)는 그저 '숨결' 또는 '바람'을 의미했을 것이고, 따라서 흠정역 성서에서 "하느님의 영(Spirit)이 그 물 위를 휘돌고 있었다"로 번역하는 「창세기」 1장 2절을 "하느님에게서 나온 바람이 그 물 위를 휘돌고 있었다"로 번역할 수도 있을 것이다. 그렇지만 루아흐는 갈수록 하느님이 지상에서 긴급하게 실무를 맡기는 대리인과 동일시되었다. 그리스도인들은 창조주, 구세주, 성령이라는 세 위격이 어떻게 하느님의 단일한 실재에 속하느냐는 문제에 직면했다.

이것이 삼위일체라는 문제다. 이후드 하셈(yihud haShem), 즉 하느님의 유일성에 타협이란 있을 수 없었다. 하느님의 유일성은 절대적이고 협상할 여지가 없었다. 하느님은 하느님으로만 존재할 수 있다. 그렇다면 그리스도인들은 왜 하느님의 본질이 틀림없이 삼위일체(하나 안의 셋)라는 믿음에 이르렀을까?

삼위일체로서의 하느님에 대한 그리스도교의 이해는 하느님을 조금이나마 알기 시작할 수 있는 유일한 장소에서, 하느님의 효과와 결과로 여겨지는 것들을 포함하는 이 우주에서 삶을 경험하면서 시작된다. 그 기반 위에서 그리스도인들은 하느님을 만물을 창조하고 보존하는 일자, 길을 잃은 자를 찾아 나서고 되찾고 거듭나게 하는 일자, 대개 놀라운 갖가지 방법으로 영감을 불어넣어 인간의 삶과 관계를 바꾸는 일자로 이해할 수밖에 없었다.

초대 교인들은 당대의 언어로 성부로서의 하느님(생명과 시간과 역사의 창조주), 성자로서의 하느님(구세주), 성령으로서의 하느님(사람들을 천부적 재능을 받는 자녀gifted children로, 즉 모든 것을 하느님의 선물로 거저 받고서 믿음과 소망과 사랑으로 감사를 표하는 자녀로 바꾸는 영)에 대해 말했다. 그러나 앞서 살펴본 대로 삼자는 세 신이거나 하느님의 세 부분일 수 없다. 삼자는 본질상 하느님일 수밖에 없고, 하느님의 본질은 삼자의 관계일 수밖에 없다. 성부는 성자의 시원이며, 성자를 통해 작용하는 성령은 테오시스(theosis), 즉 신화(神化)의 과정에서 사람들을 그 본질적이고 영원한 관계로 끌어들인다. 다시 말해 하느님의 내적 역학과 존재에 참여하게 한다.

삼위일체는 두말할 나위 없이 복잡하게 들리는 교의다. 물리학자 존 휠러(John Wheeler)는 양자역학에 어리둥절해하지 않는다면 양자역학을 이해하지 못한 거라고 말했다. 또 닐스 보어(Niels Bohr)는 양자론을 처음 접하고 경악하지 않는다면 양자론을 이해했을 리 만무하다고 주장했다. 삼위일체도 마찬가지다. 이는 놀랄 일이 아닌데, 양자역학 같은 창조의 일면을 이해하는 일보다 하느님을 이해하는 일이 더 쉬울 리가 없거니와, 인간의 이해력의 한계 안에 하느님이 담기지도 않을 것이기 때문이다.

이토록 이해하기 어려우니 이른바 아타나시우스 신경(Athanasian Creed, 5세기 그리스도교 신앙을 요약한 신경信經으로 널리 권위를 인정받았다)을 받아들여 "누구든 구원받기를 원하는 사람은…… 삼위 안의 한 분 하느님과 단일성 안의 삼위를 흠숭하고, 삼위를 혼합치도 말고 실체를 나누지도 말라"라고 말하는 편이 쉬운 길이었다. 그러나 예로부터 지금까지 '하느님임'에 대한 이 최소한의 진술을 어떻게 이해할지를 두고 합의에 이르기란 불가능했다.

그렇다 해도 삼위일체를 인식해온 방식들, 또는 적어도 신앙으로 분별해온 방식들에 관해 무언가 말할 수는 있다. 본회퍼의 표현대로 우리가 경험하는 '우리 한가운데에 있는 저 너머'로 시작하면 이른바 '경륜적(economic, 經綸的)' 삼위일체에 이르게 된다. 그리스어 낱말 오이코노미아(oikonomia, 영어 단어 'economy'의 어원)는 '가정(家庭)'을 뜻하는 오이코스(oikos)와 '법' 또는 '규범'을 뜻하는 노모스(nomos)의 합성어다. 따라서 '경륜적 삼위일체'는 하느님이 우주와 인류를 다스리는 활동을 가리키고, 이미 제1장에서 의미를 논한 하느님의 내재성에 집중한다.

그런 다음 '경륜적 삼위일체'에서 그 자체로(in itself, 라틴어로는 in se 또는 a se) 하느님의 존재일 수밖에 없는 것(따라서 자존성으로 알려져 있는 하느님의 본질적 존재, '하느님임')에 대한 추론을 도출할 수 있다—그러나 이 추론은 귀추적 추론과 마찬가지로 잠정적일 수밖에 없다. 안 그래도 혼란스러운 마당에 하느님의 내적 존재를 숙고하는 이 추론 역시 '내재적'이라는 표현을 사용하여 혼란을 가중시킨다. 이런 의미의 '내재적 삼위일체'는 창조하고 구원하고 성화(聖化)하는 하느님의 삼중 본질('경륜적 삼위일체')과 하느님의 영원하고 초월적인 존재('내재적 삼위일체')가 어떻게 연관되는지를 묻는다. 이 물음이 가능한 이유는 '경륜적 삼위일체'가 논리적·실질적으로 하느님임을 표현해야만 하기 때문이다. 바위에 남은 지문이 바위를 누른 손가락과 아무런 관련도 없는 것처럼 '경륜적 삼위일체'가 하느님임과 전혀 다른 무언가일 수는 없다.

그러므로 하느님의 내적 존재는 그 자체로 상호 관계로 이루어지는 단일성임이 틀림없다. 더 간단하게 말하자면, 신약성서의 표현대로 "하느님은 사랑"(「요한의 첫째 편지」 4:8)이다. 그렇다면 추론을 통해 창조와 구원 경험과 성화 경험에 남은 하느님의 지문들부터 숙고하기 시작하여 '하느님이 하느님이려면 어떠해야 하는가'를 숙고하는 것이 가능하다. 그 지문들은 사람들을 하느님의 거룩함과 사랑으로 이끌어 그것을 경험할 수 있게 한다.

이처럼 내재적 삼위일체(시공간의 한계를 초월하는 하느님의 자존성)에 대한 숙고는 우리 자신과 관련된 변화를 일으키는 경륜적 삼위일체에서 비롯된다. 캐서린 라큐나(Catherine LaCugna)는 이렇게 말했다.

삼위일체 신학은 하느님에게서 우리에게로, 우리에게서 하느님에게로, 우리가 서로에게로 향하는 관계를 다루는 탁월한 관계 신학이다. 삼위일체 교리는 하느님의 '본질'이 관계적이고 다른 존재로 향한다는 것, 하느님이 자유와 사랑과 앎의 친교 안에서 통일되는 다양한 위격들로 존재한다는 것을 확증한다.

이 책에서 그리스도론, 속죄, 삼위일체에 관한 방대하고 대개 복잡한 (오늘날까지 계속되는) 논쟁들을 따라가며 다루기란 불가능하다. 그 논쟁들은 이 복잡한 문제들을 두고 견해를 달리한 그리스도인 집단들이 서로를 자주 박해할 정도로 심각한 분열을 초래했고, 교회들이 여전히 분열되어 있는 이유로 남아 있다.

그리스도교의 하느님 이해가 유대교 성서에 뿌리박고 있음에도, 예수와 성부의 관계와 삼위일체에 대한 그리스도교 신앙은 유대교의 하느님 이해 및 특징짓기와 분명히 다르다. 미로슬라브 볼프(Miroslav Volf)의 "우리는 같은 하느님을 경배하는가?"라는 질문은 현실적이고도 심각한 물음이다. 그런데 이 물음에 어떤 답을 내놓든, 그리스도교와 유대교 모두 하느님을 또 다르게 이해하는 종교의 도전을 받게 되었다. 그 종교는 같은 전통에서 유래했으나 그리스도교와 유대교의 참된 계승자임을 자처했다. 두 종교는 이슬람의 도전에 직면했다.

제 5 장

아브라함의
종교들:
이슬람의 신 이해

그분이 알라다. 그분 외에 다른 신은 없다. 보이지 않는 것도 보이는 것도 아시는 분. 그분은 가장 자비로우시고 가장 자애로우시다. 그분이 알라다. 그분 외에 다른 신은 없다. 주권자이시자 거룩하신 분…… 그분이 알라, 창조주이자 조물주, 모양을 부여하신 분이다. 최선의 이름들은 그분에게 속한다. 하늘과 땅에 있는 것들은 모두 그분을 찬송한다. 그리고 그분은 위력을 가지신 분이요 지혜로운 분이시다.(꾸란 59:22~24)

이 대목에서, 그리고 이와 비슷한 다른 많은 대목에서 꾸란은 알라의 지고한 위엄을 선포하고, 그로써 과거에 알라가 보낸 예언자들의 메시지를 이어간다. "참으로 우리가 그대(무함마드)에게 계시한 것은 우리가 노아와 그 이후의 예언자들에게 계시한 것과 같다. 우리는 아브라함, 이스마엘, 이삭, 야곱, 12지파, 예수, 욥, 요나, 아론, 그리고 솔로몬에게 계시했고, 또 다윗에게 시편을 주었다."(4:163)

그러므로 꾸란에서 나타나는 신 이해와 특징짓기는 새롭지 않다. 그럴 수밖에 없는 것이 알라는 영원하고 불변하고 "스스로를 증언"(4:166)하기 때문이다. 무함마드는 알라의 예언자로서 그 증언을 세상에 전한다. 이슬람의 신 이해가 "알라 외에 다른 신은 없고 무함마드는 신의 전령이다"라는 진술 또는 '증언'(아랍어로 샤하다Shahada)으로 요약되는 이유가 여기에 있다. 이렇게 알라를 증언한다는 것은 곧 무슬림이 된다는 것, 알라와의 관계에서 이슬람이라는 순종과 안전 상태로 들어서는 사람이 된다는 것이다.

알라(Allah)는 하느님을 가리키는 아랍어 낱말이다. 알라는 엘(El)·엘로힘(Elohim)과 연관이 있는 일라흐(ilah)에 정관사 알(al)이 붙은 알일라흐의 축약형이다. 아랍어와 히브리어의 관계가 밀접한 만큼 이는 놀랄 일이 아니며, '알라'는 '하느님인 일자'—남녀 제신에 대한 상충하는 관념들과 대비되는—라는 의미로 쓰였을 것이다.

이런 긴밀한 연관성에도 불구하고, 많은 무슬림들은 유대교와 그리스도교의 하느님 특징짓기와 이슬람을 구별하기 위해

알라를 '하느님'으로 번역해서는 안 된다고 역설해왔다. 2013
년 말레이시아 상소법원은 무함마드의 시대 훨씬 이전부터
아라비아에서 '알라'라는 낱말을 사용했음에도 무슬림들만이
'알라'를 사용할 수 있다고 판결했다. 무슬림들은 신에게 '가
장 아름다운 이름들'이 속한다는 것을 인정하고, '가장 은혜로
우신 분(Ar-Rahman)', '가장 자비로우신 분(Ar-Rahim)', '절대
적 지배자(Al-Malik)'로 시작하는 '99가지 아름다운 이름들'을
열거한다. 그러나 알라는 신의 본질(al-Dhat), 신의 자존성(앞
서 사용한 전문용어를 고르자면)을 가리키므로 나머지 이름들과
다르다.

무함마드

역사적으로 이슬람은 570~632년에 아라비아에서 살아간
무함마드의 생애 및 업적과 더불어 시작되었지만, 무슬림의
관점에서 보면 그보다 훨씬 이전에 시작되었다. 이슬람은 사
람들을 딘(Din)에 따라 살게 하려는 창조주 알라의 목표와 더
불어 시작되었다. 딘은 관례적으로 '종교'로 번역하지만(이 책
도 마찬가지다), 무슬림이 이해하는 딘은 삶 전체를 포괄한다는
점을 유념할 필요가 있다. 딘에서 '종교적인 것'과 '세속적인
것'의 구별은 있을 수 없다. 무함마드는 알라께서 사람들에게

메시지를 전하기 위해 자신을 예언자로 보내셨다고 생각했다. 그 메시지란 감사하는 마음으로 알라를 인정하고 알라가 바라는—그리고 명령하는—대로 믿고 행동하는 생활방식으로 돌아가라는 부름이었다.

그런데 무엇으로부터 돌아가라는 뜻이었을까? 거짓된 신 이해로부터, 거짓된 이해를 따르는 그릇된 믿음과 행동으로부터. 무함마드가 태어났을 당시 아라비아에서 그런 믿음과 행동을 찾아보기란 어렵지 않았다. 무함마드가 태어난 메카에는 신을 특징짓고 숭배하는 갖가지 방식이 있었다. 규모가 제법 큰 유대인 공동체와 그리스도인 공동체가 있었고, 메카 자체가 영어로는 '아이돌(idol, 그리스어로는 에이돌라eidola)'이라 부르는 우상을 통해 지역 신들(달의 신 후발, 여신 알우짜, 마나트, 알-라트를 비롯한)을 숭배하던 순례 중심지였다.

당시 메카 안팎에서 일부 사람들(하니프Hanif라 불렸다)은 유대인들의 도덕적 삶에 감탄했고, 하느님의 유일성을 강조하는 유대인들을 좇아 우상을 철저히 거부해야 하는 까닭을 이해했다. 간단히 말해 하니프들은 '이브라힘(아브라함의 아랍어 형태)의 종교'를 따르려 애쓰고 있었다. 그들 가운데 자이드 이븐 아므르(Zayid ibn Amr)는 메카에서 행하는 우상숭배를 규탄했고, "오 신이시여, 당신께서 어찌 숭배받기 바라시는지 저는 모릅니다만, 제가 안다면 당신께서 바라시는 대로 숭배하

137

겠나이다"라고 기도하곤 했다. 그는 우상을 숭배한다는 이유로 무함마드를 꾸짖었고, 훗날 무함마드는 "그 일 이후 나는 자진해서 우상을 건드린(우상에서 힘을 받고자 한) 적도 없고 우상에 제물을 바친 적도 없다"라고 말했다.

무함마드는 (다른 하니프들처럼) 홀로 히라 동굴로 물러나 완전히 고립된 채로 참된 신―그가 알하크(alHaqq)라고 부른, 문자 그대로 '진리'('아름다운 이름들' 중 하나)인 신―을 찾고자 했다. 그곳에서 무함마드는 누군가(훗날 그는 그분이 천사 가브리엘이었다고 밝혔다) 자신을 압박하면서 세 차례 '이크라(Iqra, 읽으라)'(참고로 타나크를 가리키는 히브리어 낱말은 '읽기'를 뜻하는 미크라Miqra다)라고 명령하는 압도적인 경험을 했다. 그 경이롭고도 압도적인 경험을 시작으로 무함마드는 여생 내내 오늘날 꾸란―알꾸란(alQuran)은 이크라와 같은 어근에서 파생되었다―에 실려 있는 구절들을 읽으라는 압박감을 수시로 느꼈다. 그런 이유로 무슬림들은 "신은 누구 또는 무엇인가?"라는 물음의 답을 꾸란이 분명하고도 결정적으로 내놓는다고 믿는다.

꾸란

무함마드는 어떤 의미로도 '꾸란'이라 불리는 책의 저자가 아니다. 무함마드는 그 자신과 다른 이들이 믿었던 대로 알라로부터 말씀을 받아서 세상에 전해준 사람이었다. '성서의 모체'(umm alKitab, 43:3f)는 알라와 함께 하늘에 있으며, 무슬림 신앙에 따르면 알라께서 그저 무함마드에게 내려보내 아랍어로 건네준 것뿐이다. 아랍어가 그토록 귀한 언어인 이유가 여기에 있으며, 무슬림 다수는 설령 아랍어를 이해하지 못하더라도 아랍어가 알라의 강력한 축복(baraka)을 가져다준다고 믿기에 꾸란을 외워서 낭송하는 법을 배운다.

무함마드가 죽은 이후 일부(특히 8세기와 9세기에 무타질라파)는 사람들과 사건들을 언급한다는 이유를 들어 꾸란이 특정한 환경에 맞추어 **창조되었다**(즉 지어졌다)고 추론했다. 그러나 우세를 점한 것은 그와 반대되는 견해였다. "꾸란은 알라의 말씀으로 사본에 쓰이고, 기억으로 보존되고, 연설에서 낭송되고, 예언자에게 계시된다. 우리가 발음하고 쓰고 낭송하는 꾸란은 창조되지만, 꾸란 자체는 창조되지 않는다." 훗날 꾸란이 창조되지 않았다면 낭송 역시 창조되지 않은 것이 틀림없다는 믿음이 받아들여졌다.

그러므로 무슬림 신앙에서 꾸란은 알라가 무함마드를 통해 세상에 전해준, 변질되지 않은 완전하고도 최종적인 계시다. 알-샤이탄(al-Shaytan, 사탄)이 무함마드의 귀에 거짓 계시를 속삭여 꾸란을 변질시키려 시도했던 것은 사실이다. 일례로

무함마드는 사탄이 넣어준 계시대로 메카 사람들에게 그들의
세 여신을 알라의 메시지를 전달하는 중재자로 여길 수 있다
고 말했다. 그러나 무함마드는 이내 그 계시가 '사탄의 시'임
을 깨닫고서 부인했다. 메카의 우상숭배는 수용할 수 없는, 뿌
리째 뽑아야 하는 관행이었다.

그 계시는 꾸란의 어느 부분이 나중에 다른 부분에 의해 덮
이고 수정되고 대체되는 '폐기'(naskh)의 한 사례다. 그렇다 해
도 폐기는 알라의 활동이지 인간의 개입이 아니며, 꾸란이 알
라의 문자 그대로의 말씀이라는 믿음에 영향을 끼치지 않는
다. 그렇지만 그 믿음은 그 자체로 다른 문제들, 특히 꾸란의
구절을 어느 정도나 은유적으로 이해해도 되느냐는 문제를
야기했다. 이를테면 꾸란은 알라께서 "옥좌에 자리잡고 계시
다"(예컨대 7:52/54, 10:3)라고 말한다. 이 말은 알라가 문자 그
대로 옥좌에 앉아 있다는 뜻인가?

알라의 속성을 둘러싼 논쟁에서 문자주의자들은 알라의 말
씀인 꾸란이 '알라가 어떠한지'를 묘사하는 것이 틀림없다고
주장했다. 의인주의파(alMushabbiha)라 불린 그들은 알라께
서 "옥좌에 자리잡고" 계신 것이 틀림없고 다만 알라의 방식
으로 그렇게 계신다고 주장했다. 반대파는 그 주장에 반하는
꾸란 구절(예컨대 42:9, "알라와 비슷한 것은 아무것도 없다")을 인
용했고, 알라께서 어떤 식으로든 '인간과 비슷하다'(tashbih)

고 말하는 불경은 알라가 아닌 것을 마치 알라인 양 알라와
연관짓는(shirk) 만행이나 마찬가지라고 주장했다. 은유적 의
미 또는 알레고리적 의미를 찾는 이들도 있었지만, 이븐 한발
(ibn Hanbal, 855년 사망)은 알라를 인간의 이성과 이해의 한계
안에 두려는 사조를 앞장서 반대했다. 그는 계시를 통해서만
알라를 알 수 있고, 계시를 전하는 어휘(얼굴, 손, 옥좌 같은)를
알라께서 고르신다고 주장했다. 우리는 알라가 '본질적으로'
(binafsihi, 앞에서 규정한 a se 또는 in se 참조) 무엇인지 알 수 없
으며, 따라서 알라를 묘사하는 어휘를 사용하되 '어떻게라고
묻지 않으면서'(bila kayfa) 사용해야 한다.

이런 성격의 논증들은 알라가 하늘에 있는 성서의 모체를
세상에 전해준 것이 꾸란이라는 믿음을 흔들지 않았다. 그러
므로 꾸란은 알라의 뜻을 명료하게 밝힌 경전으로서 무슬림
신앙과 행동의 타협 불가능한 토대다. 그러나 토라와 마찬가
지로 꾸란도 삶의 모든 측면을 다루는 것은 아니거니와 특히
세상이 끊임없이 변화하는 까닭에 해석되고 적용될 수밖에
없다. 이 문제에서 결정적인 권위는 다수의 전승들에 있었으
며, 무함마드의 언행(그리고 침묵)을 기록해놓은 그 전승들을
총칭해 하디스(Hadith)라 부른다.

꾸란과 하디스라는 기반 위에서 상이한 샤리아 학파들이
등장했다. 이슬람 성법인 샤리아(Sharia)의 본래 의미는 '낙타

가 물을 먹는 장소로 가는 길'이었고, 샤리아 학파들은 무슬림이 삶에서 따라야 하는 그 길을 체계적으로 상세히 서술했다. 그 법학파들이 서로 다르고 어떤 학파는 나머지보다 엄격하고 문자주의적이지만, 샤리아라는 맥락에서 무슬림들은 알라의 부단한 현존 안에서 어떻게 살아가야 하는지를 정확히 알수 있다. 그 현존의 부단함을 보장하는 것은 디크르(Dhikr), 즉 꾸란에서 마음을 집중하여 '알라를 기억'하라고 명령하는 염송(念誦)으로, 무함마드는 이를 가리켜 '최고의 경배 행위'라고 말했다.

무슬림들은 자신들이 알라의 기대를 갖가지 방식으로 자주 저버린다는 것을 당연히 자각하면서도—꾸란에는 인간의 허물이나 죄를 가리키는 낱말이 100개 넘게 있다—알라께서 근본적으로 자비로우시다고 믿는다. 꾸란 자체가 "참으로 은혜로우시고 자비로우신 알라의 이름으로"라는 구절로 시작한다. 알라께서 일종의 자비 행위로 예언자들을 거듭 보내 사람들에게 행동하고 믿는 올바른 길을 일깨우고 그릇된 길을 바로잡을 방도를 생각나게 하시는 이유가 여기에 있다. 그런 자기 교정은 화급한 일이다. 모두가 심판받을 최후의 심판일에 알라께서 정확한 저울로 개개인의 선행과 악행의 무게를 재신 다음 그에 따라 상이나 벌을 내리실 것이기 때문이다.

성서의 백성

무슬림 신앙에서 꾸란이 기록에 앞서 존재했고 창조되지 않았다는 것은 꾸란 이전의 전령들이나 예언자들이 알라로부터 받은 동일한 메시지를 배달하거나 전달했음을 의미한다. 비록 그 메시지가 우연히 알라의 사자들 당대의 환경과 관련되었다 할지라도 말이다. 예를 들어 꾸란은 우연히 무함마드의 생애와 관련된 특정한 전투들을 언급하지만, 승전이나 패전에서 끌어낸 교훈은 우연적이지 않다. 알라의 동일한 메시지를 전달한 초기 예언자들 가운데 모세(무사)와 예수(이사)가 있으며, 꾸란은 유대교와 그리스도교의 이야기들을 포함한다—다만 타나크와 신약성서에 기록된 그대로 포함하진 않는다.

무함마드는 예언자들의 긴 행렬에서 자신이 맨 끝에 서 있다고 믿었지만, 무슬림들은 무함마드를 **마지막** 예언자로 여기고 그런 의미에서 '예언자들의 봉인'이라 부른다. 이 주장이 의존하는 믿음은 무함마드 이전 예언자들의 경우에 사람들이 메시지(꾸란)와 온갖 다른 재료—가령 예언자에 관한 이야기—를 뒤섞어 혼란스럽게 만들고 변질시켰다는 것이다. 무슬림들이 보기에 그리스도교 복음서들은 꾸란과 동일한 메시지를 포함하지만 예수와 그 제자들에 관한 이야기와 뒤섞여 있다.

무슬림 신앙에서 꾸란은 다른 무엇과도, 무함마드 본인의 말과도 섞이지 않았다는 점에서 전혀 다르다―무함마드의 말은 늘 하디스에 별도로 기록되었다. 그 말은 이슬람에서 엄청난 권위를 지니지만, 꾸란과는 결코 섞이지 않는다. 알라의 말씀을 기록한 하디스(무함마드의 언행을 기록한 하디스와 구별되는 신성 하디스Hadith Qudsi)마저도 꾸란과 섞이지 않는다.

과거에 꾸란을 받은 사람들은 꾸란을 얼마나 홀대했든 간에 받았다는 사실 자체로 인정받는다. 그들은 알 알키탑(Ahl alKitab), 즉 '성서의 백성'이라 불리며, 꾸란은 무슬림에게 그들을 존경할 것을 요구한다. 무함마드 본인이 "누구든 유대인이나 그리스도인에게 나쁜 짓을 하는 자는 심판의 날에 내가 고발할 것이다"라고 말했다. 그러나 유대인과 그리스도인은 무함마드를 그들의 기다란 예언자 계열의 일원으로 인정하기를 거부했고, 그들 중 일부가 무함마드를 부인하고 그와 싸웠을 때 꾸란은 무슬림에게 그들에 맞서 싸우라고 말했다(우연적인 환경의 변화에 맞추어 꾸란이 바뀐 '폐기'의 한 사례다).

이처럼 꾸란은 일부 무슬림에게 특정한 환경에서 다른 성서의 백성과 대립하는 것을 허용하고 명령한다. 그러나 무슬림은 더러 오랫동안 유대인, 그리스도인과 그저 평화롭게 지내는 데 그치지 않고 특히 과학을 비롯한 학문 분야에서 협력하기도 했다. 꾸란의 신 특징짓기 가운데 많은 부분, 특히 신

의 유일성을 단호히 역설하는 부분은 유대인과 그리스도인도
당연히 인정할 것이다. '유일성'을 뜻하는 타우히드(tawhid, 참
고로 '하나'를 가리키는 아랍어 낱말은 아하드ahad이고 히브리어 낱
말은 에하드ehad다)는 무슬림 신앙에서 근본적이다. 더글러스
M. 루스벤(Douglas M. Ruthven)은 이렇게 주장한다. "이슬람
의 주된 추동력을 나타내는 낱말을 하나만 고르자면, 신학적
으로나 정치적으로나 사회학적으로나 타우히드다." 이슬람에
서 유일성의 수라(꾸란 112장으로 이클라스Ikhlas라 불린다. 수라
Sura는 꾸란의 장을 가리키며, 전반적으로 보아 꾸란은 제일 긴 장에
서 시작해 제일 짧은 장으로 끝난다)는 확신을 가지고서 말하면
가을에 나무가 잎을 떨어내듯이 말하는 이의 죄를 떨어낼 정
도로 근본적이고도 심오한 말씀이다.

말하라. 그분 알라는 단 한 분이시다. 알라는 절대자이시다. 그
분은 낳지 않으시고 낳아지지 않으셨으며, 그분과 동등한 것은
아무것도 없노라.

그렇지만 이 맥락에서는 그리스도교의 성부와 '독생자'를
문자 그대로 받아들이기가 불가능하다—물론 그리스도인은 문
자 그대로 받아들이자는 데 동의할 것이다. 삼위일체에 대한
무슬림의 의문은 데이비드 토머스(David Thomas)가 보여준

대로 '초창기부터' 나타났다. 어떻게 '절대자 알라'가 아내와 아들을 둘 수 있고, 어떻게 삼위가 서로 구별되면서도 하나일 수 있는가? 무슬림 신앙에서 개인과 가족과 사회가 무엇을 믿어야 하고 어떻게 행동해야 하는지를 계시하는 것이 꾸란이 듯이, 알라의 본질과 성격을 계시하는 것도 꾸란 하나뿐이다.

알라의 뜻

꾸란에 따르면(예컨대 81:27~29) 인간은 각자의 의지로 '바른 길'을 걸어야 할 책임이 있지만, 알라께서 뜻하시지 않으면 그 길을 걷고자 마음먹을 수 없다. 따라서 무슬림의 책무는 지상에서 알라의 뜻을 실행하는 것이다. 이를 나타내는 표현이 무슬림이 흔히 말하는 인샬라(insh' Allah), 즉 '알라의 뜻이라면' 또는 '알라의 뜻대로'다.

무슬림은 꾸란과 하디스에 근거해 샤리아의 맥락에서 알라의 뜻을 분별하고자 하지만, 그렇다고 해서 그들 모두가 정확히 같은 방식으로 살아가거나 알라의 뜻을 실행하는 방법에 반드시 동의하는 것은 아니다. 오늘날 수니파와 시아파는 뚜렷이 갈라져 있지만, 수니파 내부에도 앞서 살펴본 4대 샤리아 학파가 있고, 이들 법학파는 무함마드와 그의 교우들의 삶을 오늘날에 문자 그대로 어떻게 재현하고 본받을 것인지를 저마다 다르게 이해한다.

또다른 예를 들자면, 많은 무슬림들은 귀의하고 순종하여 알라께 가까이 다가가고자 하는 수피(Sufi)다. 수피는 알라를 개인적으로 직접 체험하고자 하는 사람을 지칭하지만, 수피즘을 수행하고 실천하는 다수의 학파들 또는 전통들은 서로 판이하다. 가장 위대한 수피로 손꼽히는 시인 겸 스승 루미(Rumi)는 그들의 공통 목표를 이렇게 요약했다. "나의 종교는 사랑을 겪어나가는 것이다." 1273년 12월 해거름에 죽음을 앞둔 루미는 "나의 죽음은 영원과의 결혼이다"라고 말했다.

수피들은 그들끼리 서로 달랐을 뿐 아니라, 샤리아를 저버릴지 모른다고 생각한 다른 무슬림들의 의심을 사기도 했다. 결국 알가잘리(alGhazali, 1111년 사망)가 수피의 귀의 방식이 어떻게 샤리아에 뿌리박고 있는지, 철학과 신학과 수피의 길이 어떻게 같은 근원에 속하는지를 보여주었다. "수피가 된다는 것은 끊임없이 알라와 합일하면서 모든 사람과 화평하게 살아가는 것이다"라고 그는 썼다. 긴장 관계였던 철학과 신학과 수피즘을 조화시킨 알가잘리는 후자트 알이슬람(Hujjat alIslam), 즉 '이슬람의 증거'라는 칭호를 얻었다.

살펴본 대로 이슬람에는 다양한 형태와 해석이 있다. 그들 모두의 공통점은 "신은 누구 또는 무엇인가?"라는 물음의 답이 알라께서 주신 꾸란에 있다고 믿는다는 것이다. 꾸란은 창조, 역사의 사건, 개개인의 삶의 결과가 알라로부터 나오고 늘 알라의 통제와 결정 아래 있음을 분명하게 밝힌다.

그분은 시초이자 마지막이신 분, 드러내고 감추시는 분, 만사를 다 아시는 분이시다.

그분은 하늘과 땅을 엿새 동안 창조하신 다음 스스로 옥좌에 오르신 분이시다. 그분은 땅으로 들어가는 것과 땅에서 나오는 것, 하늘에서 내려오는 것과 하늘로 올라가는 것을 아신다. 그분은 너희가 어디에 있든 너희와 함께 계시고 너희가 하는 모든 일을 지켜보신다.

하늘과 땅의 주권은 그분의 것, 만물도 알라에게로 돌아간다.

그분은 밤을 낮으로, 낮을 밤으로 바꾸시며, 마음속을 훤히 아신다.(57:3~6)

만사를 결정하는 알라의 절대적 권능을 카드르(Qadr)라고 한다. 그런데 그 권능이 어떻게 인간의 자유 및 도덕적 책임과 조화를 이룰 수 있는가? 알라가 만사를 결정한다면, 최후의 날, 심판의 날에 어떻게 개개인에게 책임을 지울 수 있겠는가? 철학적으로 사유한 무타질라파는 "인간의 자급자족, 삶을 통제하고 스스로 낙원을 가져오는 인간의 힘, 아울러 인간 이성의 완전한 능력"을 믿었다.

그러나 무슬림 대다수는 줄곧 무타질라파의 견해를 거부했다. 그들은 꾸란에서 절대적 주권을 그토록 명백하게 보여주신 알라께서 모든 행위와 생각을 창조하시거나 생겨나게 하시는 것이 틀림없다고 보았다. 다시 말해 알라께서 모든 가능성을 창조하시고 그 가능성들 중에서 선택을 내리는 책임을 개개인에게 위임하셨다고 믿었다. 이것이 '획득'(kasb/iktisab) 교리다. 알라께서 인간의 모든 행위를 뜻하시고 창조하신다 해도 그 행위를 획득하는 도덕적 책임은 인간에게 있다는 것이다. "사람들이 하는 모든 일은 움직이는 일이든 쉬는 일이든 의심할 바 없이 그들 자신의 획득(kasb)이지만, 그들을 창조하는 분은 알라이시며, 그들은 알라의 뜻과 앎과 결정과 명령에 의해 생겨난다."

무슬림은 그 책임을 수행하고 꾸란에서 알라께서 명령하신 대로 살아감으로써 본성상 언제나 자비로우신 알라를 신뢰할 수 있다. 꾸란의 첫째 장인 알파티하(alFatiha), 즉 '개경장(開經章)'이 정확히 그렇게 말한다.

자비로우시고 자애로우신 알라의 이름으로
온누리의 주님이신 알라께 찬미를 드리나이다
자비롭고 자애로우신 분
심판일의 주재자

5. 꾸란의 개경장, 알파티하

당신만을 흠숭하고 당신께만 도움을 간구하오니

저희를 바른 길로 이끌어주소서

당신께서 은총을 내리신 사람들의 길로 이끄시고

노여움을 산 사람들의 길, 방황하는 사람들의 길로 이끌지 마소서

'방황하는' 길은 많이 있지만 그중에서도 최악은 쉬르크 (shirk, 알라 이외의 것을 알라와 연관짓는 잘못)다. 실제로 쉬르크 는 우상숭배, 즉 무함마드가 메카의 우상들을 파괴할 때까지 맞서 싸웠던, 우상 형태의 신들을 숭배하는 근본적인 반율법 행위다. 정복에 나선 무슬림들은 인도에 다다랐을 때(8세기부 터) 힌두인들 사이에서 쉬르크에 비견할 만한 우상숭배를 발 견했다. 널리 퍼진 무슬림 전통에서 우상숭배가 인도에서 시 작되어 아라비아로 전해졌다고 주장할 정도로, 당시 인도에 는 남녀 제신의 상이 만연해 있었다. 무슬림은 어디서 발견하 든 우상을 파괴하라는 알라의 명령을 무시할 수 없었다. 12세 기 역사가 지야 우딘 바라니(Ziya udDin Barani)는 델리 술탄 의 궁정에서 '열광적인 설교사'의 말을 기록했다.

그들(통치자들)은 신앙을 위해 안전한 피난처를 만들 의무가 있 고, 알라와 참된 딘(Din)을 위해 저항과 불신앙, 다신교와 우상 숭배를 완전히 말살하기 전까지는 그 의무를 다할 수 없습니다.

설령 다신교와 저항의 뿌리가 너무 깊어서, 혹은 이교도와 다신
교도의 수가 너무 많아서 전부를 근절할 수 없다 해도, 이슬람을
위해, 그리고 참된 딘의 안전한 피난처를 만들기 위해 다신교도
이자 우상숭배자인 힌두인들을 모욕하고 욕보이고 괴롭히고 조
롱하고 업신여기는 데 최선을 다한다면, 통치자들의 노력은 공적
으로 인정받을 것입니다.

다른 무슬림, 특히 악바르 대제(1542~1605)는 인도의 신앙
에 더 긍정적이었고, 일부 무슬림은 힌두인을 '성서의 백성'에
포함하려 했다. 그런데 힌두인을 '다신교도이자 우상숭배자'
로 여긴 무슬림은 옳았는가? 인도의 신앙들이 정말로 다신교
이자 우상숭배인가?

제 6 장

인도의 종교들

무슬림이 쳐들어간 인도는 단일체가 아니었다. 인도 전체가 수많은 순례지로 연결된 하나의 성지로 비치기는 했지만, 당시 이미 인도인들의 종교적 믿음과 실천은 극히 다양했다. 인도 종교를 가리키는 용어 '힌두교'가 오해를 부를 수 있는 이유가 여기에 있다. 페르시아에서 힌두(hindu)는 인더스(산스크리트어로 신두sindhu) 강 건너편에 사는 사람들을 뜻했다. '힌두교'라는 용어는 19세기에 영국인들이 인도 아대륙의 종교와 문명을 가리키기 위해 도입했지만, 인도의 믿음과 관행이 균일하다는 뜻으로 쓰인다면 실상을 호도할 여지가 있다.

몇 가지 기본적인 믿음

사실 인도 종교는 단일체보다는 다양한 구성원들로 이루어진 대가족에 더 가깝다. 인도 종교에서 가장 중요한 특징은 가족 유사성이며, 그런 까닭에 이 가족의 구성원들은 서로 공통점이 많다. 예를 들어 그들은 (오늘날) 개개인의 영원불멸하는 아트만(Atman, 진아眞我)이 만유의 근원인 '참으로 존재하는 것', 즉 브라만과 다르지 않다고 믿는다(초기에는 이렇게 믿지 않았다). 아트만은 해탈(무크티Mukti 또는 모크샤Moksha)에 도달할 때까지 죽음과 환생을 반복하는 윤회(삼사라Samsara)를 한다. 윤회는 아주 기나긴 도정(어쩌면 수백만 번의 삶)일 수 있으며, 카르마(Karma, 업業)의 지배를 받는다. 카르마는 물리적 세계에서 (중력 같은) 자연법칙이 예측 가능한 결과를 가져오는 것만큼이나 확실하게, 도덕적 세계에서 더 좋거나 더 나쁜 환생을 가져오는 자연법칙이다. 카르마는 윤회를 통해 인과응보로 귀결된다. 인간으로 다시 태어나는 것은 윤회의 고리를 끊고 해탈에 이를 드문 기회다.

'가족 구성원들'은 서로 아무리 다르게 해석될지라도 이처럼 많은 믿음을 공유한다. 체계화된 해석은 '전통'을 뜻하는 삼프라다야(Sampradaya)라고 불린다. 전통들 간의 차이는 심각할 수 있고, '가족 간 말다툼'—과거에 가족 구성원 일부가 분가해 나름대로 살림을 차린 결과로 나타나는 경쟁관계와 의견 차이 — 으로 이어지기도 한다. 자이나교도와 불교도는 (앞으로 살펴볼 테지만 인도의 신 해석에서 비롯되는 이유들 때문에) 사실상 별개 종교가 된 초기 사례들이다. 그렇기는 해도 분가하지 않고 남은 구성원들은 지금도 가족의 일원임을 자처한다. 그들의 인도 철학 체계 분류법에 따르면 여섯 체계는 정통파(아스티카astika)로 인정받는 반면에 자이나교와 불교를 포함하는 세 체계는 베다의 신적 기원(베다의 위상과 신과의 관계는 뒤에서 기술할 것이다)을 부인하는 까닭에 이단파(나스티카nastika)로 간주된다.

이처럼 인도의 신 이해와 특징짓기는 극히 다양해서 아주 긴 입문서로도 도저히 요약할 수 없다. 하물며 짧은 입문서로는 말할 것도 없다. 그렇지만 그 다양성은 결코 유감스러운 문제가 아니라 오히려 인도의 신 이해에서 근본적이고도 반드시 고려해야 하는 특성이다. 우리는 그 다양성을 살펴보면서 '인도=우상숭배'라는 등식이 심각한 오해임을 확인할 것이다.

신과 관련하여 인도인들이 상상하는 엄청난 다양성은 예배, 의례, 명상, 음악, 미술, 건축 등 다방면으로 생생하게 표현되지만, 특정한 근본적인 교의들이라는 맥락뿐 아니라 '다르마(Dharma)'라고 총칭하는 공통적인 관행과 사회 조직을 두루 받아들인다는 맥락에서도 하나의 전체를 이룬다. 인도에서

'힌두교'라 불리게 된 종교를 가리키는 흔한 이름이 사나타나 (Sanatana) 다르마, 즉 '영원한 다르마'인 이유가 여기에 있다. 이 맥락에서 다르마는 얼추 '적절한 행위'—온갖 환경에서 개인이나 집단에게 적절한 행위—를 의미한다. 예를 들어 비폭력과 불살생을 뜻하는 아힘사(Ahimsa) 사상에도 불구하고 군인에게 싸움이라는 다르마는 최고의 덕목이다.

사나타나 다르마는 개개인이 윤회의 굴레에서 영원히 벗어나기 위해 걸어갈 수 있는 다양한 길들의 기저를 이루는 일종의 적절한 행위 '지도'다. 그 '길들'은 마르가(Marga)라고 불리며, 해탈에 이르는 세 가지 길(Trimarga)로 묶인다. 그중 첫번째 길인 카르마마르가(Karmamarga)는 삶을 정화하는 의례와 제사를 포함하는 행위의 길이요, 두번째 길인 즈냐나마르가(Jnanamarga)는 앎과 통찰과 이해의 길이다. 세번째 길인 바크티마르가(Bhaktimarga)는 신을 사랑하며 헌신하는 신애(信愛)의 길이다.

예배와 신을 봄

우리가 처음 했던 질문으로 돌아가자. 신은 누구 또는 무엇인가? 인도에서 이 질문에 답하는 시작점은 신을 직접 만나는 기회를 잡는 것이다. 다이애나 에크(Diana Eck)의 말대로 인도에서 '신 마주치기(encountering God)'(에크의 책 제목)는 어려운 일이 아니다. "이 세계라는 실체 안에 신의 현존과 영광을 나타낼 수 없는 것은 아무것도 없다. 깨달은 사람도, 소도, 나무도, 바질 덤불도, 심지어 점토 덩어리도 나타낼 수 있다."

깨달은 사람들 중에서 구루(guru)는 중추적 역할을 한다. 구루는 신에게로 안내하는 인도자이고, 보통 유구한 전통의 맨 끝에 위치해 있으며, 일부는 실제로 신을 체현한 존재로 여겨진다. 구루 외에도 인도에는 신의 현현 형태들을 통해 사람들에게 신을 데려오는(그리고 사람들을 신에게 데려가는) 여러 길과 장소가 있다. 사람들은 신의 외양을 나타내는 형태들을 통해 신에게 다가가고 신을 알아볼 수 있다. 신의 여러 이미지(무르티murti라고 부르는 '체현물'), 특히 사원과 그 벽에 그려진 이미지가 한 가지 실례다. 각각의 이미지는 그 나름대로 신의 에피퍼니(epiphany), 즉 현현체다. 에피퍼니는 '현현'을 의미하는 그리스어 낱말 에피파네이아(epiphaneia)에서 유래했다—이와 비슷하게 그리스도인들은 하느님께서 그리스도로 현현하신 주현절(主顯節)을 기념한다.

인도에서 신의 현현체는 그것을 알아볼 눈을 가진 사람들에게는 어디에나 있다. '예배'를 나타내는 핵심어는 '봄'을 의미하는 다르샨(darshan)이다. 신을 예배하는 제의 행위는 푸자(Puja)라고 하지만, 신과의 합일은 다르샨이라고 한다. 예술사가 스티븐 하일러(Stephen Huyler)의 말대로 다르샨은 직접 '신을 보고 신에게 보이는 것'이다.

푸자는 기원, 기도, 노래, 의례를 통해 남신 또는 여신에게 경외심을 보이는 제의 행위다. 힌두인들에게 푸자의 본질적 측면은 신과의 교감이다. 예배자는 이렇게 소통함으로써 신과 직접 접촉하게 된다고 믿는다. 십중팔구 자연의 요소, 조각품, 그릇, 그림, 인쇄물 같은 이미지가 그 접촉을 촉진한다. 그 이미지를 사당이나 신전에 설치해 성별(聖別)할 때면 이미지에 우주적 에너지를 넣어줄 신을 초대한다…… 어떤 푸자든 주된 목표는 신과 개인적으로 접촉한다는 느낌이다. 산스크리트어에서 직역하면 '신을 보고 신에게 보이는 것'인 다르샨의 순간에 예배자는 남신 또는 여신이 자신을 알아본다는 느낌을 받기 쉽다. 다르샨은 다양한 방법으로 체득할 수 있을 테지만, 어떤 방법으로 체득하든 신실한 힌두인들에게 평안과 축복을 모두 가져다주며, 그들은 다르샨을 통해 기적이 자주 일어날 수 있고 실제로 일어난다고 믿는다.

이처럼 신의 현현체를 시각적으로 표현하는 다양한 형태들이 있으며, 피상적으로 이미지들의 겉모습에만 주목하면 다신교의 우상숭배처럼 보일지도 모른다. 그러나 현현체의 시각적 형태들은 그것들을 넘어서는 목표에 이르기 위한 수단이다.

'신'(만물의 생산되지 않은 생산자)의 현현체는 인도 종교의 잔존하는 문헌 가운데 가장 오래된 베다('지식'을 뜻하는 비드 vid에서 파생)까지 거슬러올라간다. 베다는 기원전 1500년경에 인도 북서부에서 출현했다. '출현했다'라는 말은 인간 저자들이 베다를 쓰거나 지은 것이 아니라 선재하던 베다를 성선(聖仙, rishi)들, 즉 '보는 자들'이 감득(感得)했다는 믿음을 반영한다.

베다와 데바

베다들은 베다 종교의 기반인 제사 및 의례와 각기 다른 방식으로 연관된다. 베다의 일부는 제사에 쓰이는 찬가와 시가를 모은 것이고(특히 찬가를 집대성한 『리그베다Rig Veda』), 다른 일부는 제사의 법식과 절차에 관한 지침을 알려주며, 또다른 일부는 제사에 대한 설명과 해석을 제공한다. 제사를 수행하고 통제하는 제의 전문가들은 브라만(브라민)이라 불렸고, 그런 이유로 베다에서 유래한 종교를 흔히 브라만교라 부른다.

브라만이 찬가와 제사를 바치는 데바(Deva)들은 대기와 땅의 영역 위에 있는 별개 영역인 천계에 거하는 존재들이다. 데바는 곧잘 신(God)으로 번역되지만, 데바와 데비(devi, 데바의 여성형)는 (서문에서 말한) 디아우스와 '빛나는/숭고한'을 뜻하는 다에바(daeva)와 관련이 있으며, 인간 이상의 근원에서 비롯되는 많은 것들을 가리킨다. 분명 데바는 단순히 '신'을 의미하는 낱말이 아니다. 데바들은 사람들처럼 감정과 욕구를 가지고 있고, 사람들은 제사에 음식을 차려놓고 그들을 초대할 수 있다.

데바들은 당시 사람들이 살아간 세계와, 특히 그들의 생존을 돕거나 방해할 수 있는 자연현상과 밀접한 관련이 있었다. 예를 들어 아그니는 불과 관련이 있고, 아디티는 어머니 대지, 우샤스는 새벽 그리고 태양의 빛과 온기와 관련이 있다("오소서, 새벽이여, 밤의 속임수를 돌려보내소서").

한때 데바는 자연현상을 의인화한 것이라고 생각한 이들이 있었지만 이는 지나치게 단순한 생각이다. 빅뱅 때 폭발한 에너지가 물리적 우주의 갖가지 구조로 귀결된다는 오늘날의 견해와 비슷하게, 베다 신앙에 따르면 분화되지 않은 원초적 소리가 조화로운 우주에서 형태와 모양으로 구체화된다. 데바들은 우주의 근본적인 질서를 전개하는 원초적 근원의 각기 다른 현현체다. 최고의 데바인 인드라마저도 여러 형태로 나타나는 일종의 현현체다—인드라는 '많은 형태들을 가진'을 뜻하는 푸루루파바트(Pururupavat)라 불리며, 그 형태들은 동격으로 간주된다. 요컨대 데바들은 저마다 다른 방식으로 일자를 현현한다. 원초적 소리는 언어의 여신인 바크(Vac)로 현현되고, 바크는 다시 다른 데바들을 통해 표현된다. "나[바크]는 바루나와 미트라를 떠받치고, 나는 인드라, 아그니, 쌍둥이 아쉬빈을 포함한다." 이 말은 현현체로서의 데바들이 각기 다른 이름으로 불릴지라도(그럴 만한 것이 각기 다른 에너지를 각기 다른 형태로 현현하기 때문이다) '자존적 존재'의 표현들임을 의미한다.

그들은 그것을 인드라, 미트라, 바루나,

아그니, 천계의 새 가루트만이라고 부른다.

그 일자를 시인들은 가지각색으로 찬송한다.

그들은 그것을 아그니, 야마, 마타리쉬반이라고 부른다.

데바들을 이렇게 이해하면, 즉 원초적 근원의 현현체들로 이해하면, 어떤 데바도 그 자체로 만고불변하지 않는다는 것이 그리 놀랍지 않다. 이런 이유로 브라만교가 발전함에 따라 어떤 데바가 다른 데바로 바뀌고 더 나아가 대체되는 과정이 끊임없이 계속되었다. 이는 엘이 YHWH로 대체된 것과 비슷하다(제3장 참조). 인드라, 바루나, 루드라는 모두 베다에서 중요한 신들이었지만 훗날 중요성을 잃었다. 베다에서 쉬바는 루드라를 '상서롭다'고 묘사하는 낱말로 쓰일 뿐이었지만 나중에는 되레 루드라가 쉬바의 별칭에 불과하게 되었다!

더욱 극적인 일은 브라만교가 인도 북서부에서 전역으로 확산됨에 따라 베다에서 말하는 신의 현현체들이 나머지 지역의 기존 신앙들과 섞이면서 신 특징짓기가 완전히 변모한 것이다.

인도 남부에서 이 변화는 특히 타밀족 사이에서 기존의 신이해에 광범한 영향을 끼쳤다. 일례로 타밀족은 신의 본성에속하는 것들을 통칭하는 낱말로 테이밤(teyvam)을 사용한다. 테이밤은 신을 나타내는 여러 형태로, 그중에서도 테이밤을특징짓는 아름다움과 쇠하지 않는 사랑스러움의 화신인 무루칸(Murukan)으로 현현한다. 인도 남부에 도달한 브라만교는무루칸을 대체하지 않고 오히려 루드라의 아들 스칸다로 만들어 이를테면 '가족으로' 들이려 했다. 그렇지만 타밀족은 무루칸을 계속 일자로 여겼고, 자신들의 신성한 문헌들을 '다섯번째 베다'라고 부르기까지 했다.

브라만교가 발전하고 변화한 과정은 다른 신앙을 대체하기보다는 오히려 흡수하고 동화하고 확장한 과정이었다. 그런과정을 전문용어로 '재문화화'라고 한다. 바라티(Bharati)는 더유쾌하게 '피자 효과'라고 불렀다. '고명 없는 단순한 구운 빵'이 칼라브리아와 시칠리아에서 미국으로 건너가 정교하게 토핑을 얹은 형태로 바뀐 다음, 기존과 다른 의미의 '피자'로서이탈리아로 되돌아온 과정에 빗댄 표현이다.

그 과정에서 신을 비슈누(Vishnu)와 쉬바의 형태로 특징짓는 일대 변화가 일어났다. 비슈누와 쉬바는 브라마(Brahma)와 함께 소위 '힌두 삼위일체'를 이루며, 여기서 브라마는 창조의 신, 비슈누는 유지의 신, 쉬바는 파괴의 신이다. 일자를 현현하는 형태들로서 세 신은 끊임없이 되풀이되는 우주적 과정, 즉 기원-발흥-쇠퇴-파괴의 끝없는 연쇄를 조정한다. 그 과정에서 세 신이 자력으로 못하는 일을 돕는 '위대한 여신' 마하데비(Mahadevi)도 생겨났다.

비슈누와 쉬바는 인도 전역에서 엄청난 인기를 얻게 되었다. 비슈누파와 쉬바파라는 독립적인 믿음과 실천의 체계로 발전할 만큼 두 신을 각기 섬기는 열성 신자들이 크게 늘어난 것이다. 그렇지만 자이나교도와 불교도와 달리 그들은 가족의 일부로 남았다. 자이나교도와 불교도는 베다의 권위를 부인했고, 그와 더불어 데바들을 거부하고 그들에게 바치는 제물이 차이를 만들어낸다는 믿음을 거부했다. 자이나교와 불교 둘 다 무신론적 종교가 아니다. 불교 학자 마라싱혜(Marasinghe)의 주장대로 "초기 불교는 당대의 종교 사상에서 받아들인 신들을 우주론적 사유 안에 수용할 공간을 마련했다". 그리고 훗날 불교는 더 많은 신들을 받아들이고 그들 모두에게 기도와 제물을 바쳤다. 불교에서 일체 거부한 것은 '만물의 생산되지 않은 생산자', 이 우주를 포함해 어떤 우주와도 별개로 자존하는 창조주에 대한 믿음이었다. 불교에서 신들은 데바를 비롯한 천계의 존재들과 마찬가지로 높은 세계에서 환생한 존재들로서 기나긴 윤회 과정에서 저마다 깨달음과 해탈을 추구한다.

비슈누

자이나교도와 불교도와 달리 비슈누 추종자들(비슈누파)은 비슈누가 최고신인 이슈바라(Ishvara)이고, 완전한 초월자이면서도 만물에 스며들어 있고 따라서 세계에 편재하는 내재자라고 믿는다. 비슈누는 모든 인간 안에 안타리야민(Antaryamin)으로, 즉 내면의 안내자 또는 통제자로 현존한다. 이 초월자는 아르크아바타라(arcavatara)라는 시각적 형태로, 특히 이미지(무르티)와 사원으로 현현하고 그 안에 내재한다. 무르티는 '체현물'을 의미하며, 이미지를 만든 다음 '생기를 부여하고' 우주적 에너지로 채우는 의식은 세밀한 규칙에 따라 진행된다. 비슈누는 체현물에 영원히 현존할 수도 있고 특정한 제의나 예배를 하는 순간에만 현존할 수도 있다.

'체현'은 아바타 형태로 나타나기도 한다. 아바타는 신이 살아 있는 육신을 입은 형태로서 동물일 수도 있고 인간일 수도 있다. 아바타는 '강림'을 의미하지만 흔히 '화신(化身)'으로 번역된다. 비슈누의 경우 (붓다를 비롯해) 아바타가 많이 있고 그 중에서 열 가지 아바타(dashavatara)가 출중하다고 인정받는다. 그렇지만 사람들이 가장 경외하는 아바타는 라마(Rama)와 크리슈나(Krishna)다.

대서사시 『라마야나Ramayana』의 주인공인 라마는 말과 행동으로 다르마의 의미를 예시한다. 라마의 고향은 인도의 7대 성지 중 하나인 아요디아이며, 그런 이유로 성난 힌두인들은 성지를 되찾겠다며 16세기에 라마의 사원이 있던 자리에 건설된 이슬람 모스크를 1992년에 파괴했다. 크리슈나는 열렬한 헌신과 사랑의 초점이다. 대략 6세기부터 9세기까지 인도 남부에서 활동한 종교 시인인 알바르(alvar)들은 크리슈나를 향한 헌신과 사랑을 능란하게 표현했다.

보라! 주의 종들이 보일지니,
지상에 군중 있는 곳 어디서나 달리기 경주를 하듯
춤을 추며 노래로 주를 찬미하도다.

그 사랑의 황홀경은 남녀 간 사랑의 절정으로 얼핏 드러나고 예견되며, 크리슈나와 라다의 사랑으로 예시된다. 신과 인간이 서로 연결된 채로 합일하는 그 사랑은 신에게 바치는 헌신의 목표다. 힌두교 경전 『바가바드기타Bhagavadgita』에서 비슈누는 아바타 크리슈나로 현현하여 자유에 이르는 세 가지 길의 연관성을 드러낸다. 그중 신애(信愛)를 의미하는 바크티의 길은 신과의 합일로 나아간다.

그(크리슈나)는 신애를 통해서만 다다를 수 있는 지고한 인격이니, 모든 피조물이 그 안에 있고, 모든 것이 그로부터 퍼져 나오느니라.

그 합일 상태에서 신은 세존, 지고한 주, 순전히 너그러운 사랑을 주고 그에 상응하는 사랑을 불러일으키는 분으로 알려진다. 신에게 사랑으로 응답하는 이들은 바가바타파(Bhagavatas)라고 부른다. 그 사랑으로 고양된 기쁨은 비슈누가 현현하는 여러 방식에 대해 말하는 『바가바타 푸라나 Bhagavata Purana』에서 강렬하게 표현된다. 이 경전의 제10권은 크리슈나와 관련된 전통들이 한데 모이는 '피자 효과'를 예시하고, 제11권은 주를 올바로 경배하는 방법에 관한 지침을 담고 있다.

내 곁에 시간을 초월하는 나의 주, 사랑의 진리이신 분이 계시다. 그분 안에 기쁨과 완성, 내가 바랄 수 있는 모든 부가 있다.

비슈누와 그의 배우자 슈리(Shri)[락슈미라고도 한다—옮긴이]의 관계도 합일로 볼 수 있다. '은혜로운' 여신 슈리는 여러 형태로 나타나고 따로 경배받기도 하지만, 비슈누의 몸에 슈리밧사[만卍 자—옮긴이]라는 지울 수 없는 무늬가 있을 정도로 비슈누와 슈바는 서로의 불가분한 일부로서 합일한다. 이 '하나로서의 둘'에 헌신하는 사람들은 슈리-비슈누파라는 별개 삼프라다야(전통)를 이루었다.

쉬바

인도에서 두루 경배받는 쉬바는 기존의 여러 신 특징짓기가 확산되고 흡수되고 결국 변형되는 피자 효과를 특히 잘 보여주는 사례다. 쉬바 숭배는 인도 전역으로 퍼지기에 앞서 히말라야 지역에서 시작된 것으로 보인다. 앞서 살펴봤듯이 쉬바는 (으레 무시무시하고 두려운 신인) 루드라를 '상서롭다'고 묘사하는 별칭으로 쓰일 뿐 그 외에는 베다에 거의 나오지 않는다. 우파니샤드 시대에 쉬바는 루드라를 대체했다(우파니샤드는 베단타라고 하는 베다 전통의 내적 의미에 대한 심오한 탐구로서 인도의 쉬루티Shruti, 즉 계시 문헌이다. 정확한 연대는 불명확하나 대략 기원전 600년부터 성립되었을 것이다). 『슈베타슈바타라 우파니샤드』에서 쉬바는 루드라와 동일시되고(따라서 루드라는

쉬바를 부르는 한 이름이다), 브라마와 비슈누마저 복종하는 최
고신이다—비슈누파가 『바가바드기타』를 신성하게 여기는
것만큼이나 쉬바파는 이 우파니샤드를 경외한다.

> 루드라는 둘도 없는 일자이시며 자신의 통제력으로 전 세계를 통
> 제하신다…… 그분 일자는 사방에 눈이 있고 사방에 얼굴이 있
> 고 사방에 팔이 있고 사방에 발이 있으시다. 그분은 하늘과 땅을
> 창조하시고 자신과 팔과 날개로 묶으신다…… 루드라시여, 당신
> 의 상서로운(쉬바) 모습, 끔찍하지 않고 악이 없으신 모습, 그 인
> 자하신 모습으로 우리에게 보이소서. 오, 산에 거하시는 분이시
> 여, 우리 가운데 임하소서. 오, 산에 거하는 분이시여, 쏘려고 손
> 에 잡으신 화살을 상서롭게 하소서. 오, 산의 보호자시여, 사람
> 이나 짐승을 상하게 하지 마소서.

쉬바는 최고신이 되어감에 따라 『리그베다』에서 루드라가
파괴적인 자연력을 통해 현현하고 그리하여 두려움을 사던
방식을 흡수했다. 쉬바는 분명 파괴적일 수 있다. 그러나 쉬
바는 자연력을 (자신을 경배하는 사람들에게 이롭도록) 다스리고
통제할 수도 있으며, 그렇기에 계속 '상서로운 신'이라 불린다.
쉬바는 '두렵고도 상서로운 신', 죽음의 주인 동시에 생명의
기원이다.

방금 인용한 우파니샤드의 구절이 시사하듯이, 쉬바의 권능은 수많은 상징들로 표현된다. 그 상징들을 모으면 쉬바의 성격을 보여주는 시각적 색인이 될 정도다. 같은 맥락에서 쉬바는 수많은 표상과 체현물(무르티) 형태로 경배받는다. 유명한 사례는 쉬바를 춤의 왕 나타라자(Nataraja)로 상징하는 것이다. 시간과 창조의 춤을 추는 나타라자는 우주를 유지하면서도 파괴한다. 나타라자의 한 손은 우주를 생성하는 작은 북을 쥐고 있고, 다른 손은 우주를 파괴하는 불꽃을 들고 있다. 나타라자를 에워싸는 원형 불꽃은 가장 강한 에너지인 동시에 화장(火葬)하는 불이다(그림 6 참조).

숱한 상징들 가운데 단연 중요한 것은 링가(Linga)다. 링가는 남성의 생식기를 가리키는 남근상으로 흔히 제 짝인 여근상 요니(Yoni)와 함께 사원에 있으며, 링가와 요니의 결합은 만물을 낳는 근원적인 생성력을 상징한다.

인도 남부에서 쉬바는 비슈누/크리슈나처럼 신애의 초점이 되었으며, 무엇보다도 나야나르(Nayanar, '지도자' 또는 '안내자'라는 뜻으로 서기 6세기부터 활동) 63인이 쉬바를 향한 헌신을 노래하는 수려한 시를 지었다. 유명한 속담에 따르면 "이 찬가들을 듣고도 녹아내리지 않는 사람은 어떤 말로도 감동시킬 수 없다". 또한 쉬바를 따르는 전통들이 생겨났고 그중에서도 샤이바 시단타(Shaiva Siddhantha, '쉬바의 궁극적 진리')와 비

6. 무지의 난쟁이 아파스마라 위에서 춤추는 쉬바. 가네샤, 브라마, 수퇘지로 화신한
   비슈누를 비롯한 신들과 현자들이 쉬바를 수행하고 있다.

라쉬바파(Virashaivites, '쉬바의 영웅들')가 두각을 나타냈다. 후자는 링가야트파(Lingayats)라고도 불리는데, 목걸이처럼 끈에 꿰어 거는 작은 남근상이 그들의 유일한 의례적 상징이기 때문이다. 그 남근상은 그들의 몸을 사원으로 만들어주어 그들이 어디를 가든 언제나 신의 현존 안에 있게 해준다.

비슈누처럼 쉬바도 자신의 아바타들을 갖고 있지만, 비슈누파가 비슈누의 아바타들을 단연 중시하는 것만큼 쉬바파가 쉬바의 아바타들을 중시하는 것은 아니다. 또한 비슈누처럼 쉬바에게도 배우자들이 있지만, 쉬바와의 관계에서 그들은 쉬바의 활동과 힘의 근원이다. 이를테면 신성한 에너지인 샤크티(Shakti)는 쉬바가 창조할 수 있게 해주고, 설산의 딸인 파르바티(Parvati)는 쉬바가 질서와 평화를 유지할 수 있게 해주며, 시간의 위력인 칼리(Kali)는 쉬바가 파괴할 수 있게 해준다. 쉬바는 배우자들 없이는 아무것도 할 수 없으므로 그들에게 결정적으로 종속된다.

마하데비

또는 한 아내에게 종속된다. 이 갈래의 신 이해에 따르면 데바들과 남녀 제신을 포함해 모든 존재의 단일한 근원과 기원은 위대한 여신 마하데비이기 때문이다. 일신교이되 정확히 말하면 일여신교인 것이다. 마하데비는 우주의 통치자(Bhuvaneshvari)이자 모든 에너지의 근원인 샤크티다. 그런 이유로 마하데비를 경배하는 이들을 샤크티파라고 한다. 남신들은 마하데비로부터 힘을 얻고, 샤크티로서의 그녀 없이는 무력하다. 시시때때로 그들은 자력으로 못하는 일을 해주십사 마하데비에게 간청해야 한다. 마하데비가 앉는 옥좌까지도 브라마, 비슈누, 쉬바의 두 형태—루드라와 이샤나—의 생명 없는 육신들이 떠받치고, 옥좌의 좌석은 쉬바의 또다른 형태인 사다쉬바(제1장에서 인용한 시에 나오는)의 시체다. 그 옥좌는 판차-프레타사나(pancha-pretasana), 즉 다섯 시체의 좌석이라 불린다(그림 7 참조).

마하데비와 그녀의 현현 형태인 우주적 창조와 파괴의 에너지 샤크티는 탄트라(Tantra)라는 광범한 믿음과 실천의 전통에서 문자 그대로 강력하다.(탄트라는 '늘리다' 또는 '확대하다'를 의미하기도 하지만, 경전들에서 '엮다'와 '보호하다'라는 뜻으로 더 많이 쓰였다. 탄트라는 "해탈로 이어질 믿음과 실천의 가닥들을 한데 엮는다".) 탄트라는 여러 형태를 취하지만, 근본적으로 인체를 신성한 우주적 에너지의 힘을 활성화하는 수단으로 이해하고 사용한다. 여신과의 합일이라는 강렬한 황홀경은 인체 안에서 인체를 통해서만 실감할 수 있다. 샤크티파와 탄트라파 둘 다에 마하데비는 둘도 없는 일자다.

7. '우주의 통치자'로 알려진 위대한 여신 마하데비. 다섯 시체의 옥좌에 앉아 있다.

내 안에서 온 세상이 사방으로 엮인다……

나는 주이자 우주의 혼이다. 나는 나 스스로 우주의 몸이다.

나는 브라마, 비슈누, 루드라요 또 가우이, 브라미, 바이슈나비다.

나는 태양과 뭇 별이며, 또 뭇 별의 주다.

나는 온갖 짐승과 새요, 추방자와 도둑이기도 하다.

나는 악한이자 악행이다. 나는 의인이자 의행이다.

나는 분명 여성이자 남성이며 또한 무성이다.

그리고 네가 무엇을 어디서 보고 듣든, 그것 가득 내가 스며들고, 그것 안팎에 늘 내가 머문다.

나를 빼놓고서 움직이거나 움직이지 않는 것은 하나도 없다.

그런 것이 있다면 아이를 낳지 못하는 여성의 아들처럼 실재하지 않는 것이리라.

밧줄 하나가 다양하게 뱀으로도 보이고 화환으로도 보이는 것처럼

나도 주의 형태 따위로 보이리라. 이는 틀림이 없느니라.

일자와 다자

지금쯤이면 인도의 여신/남신 이해와 특징짓기를 소개하는 간략한 서술조차 어마어마한 '다양성의 궁전'을 안내하는 길잡이로 보일 것이고, 어떤 의미로는 마땅히 그렇게 보여야

한다. 온 우주는 '보고 경배할' 기회를 주는 여신/남신의 온갖 현현체들로 이루어져 있다. 그 현현체들은 일견 갈피를 못 잡을 만큼 복잡하게 서로 맞물리고 뒤바뀌며, 그에 따라 전통과 이미지와 사원이 어지러울 정도로 급증한다. 그렇다면 인도인들을 '다신교도이자 우상숭배자'라고 불렀던 무슬림이 옳았는가?

이 물음에 답하려면 다양한 현현체들이 그들을 낳는 일자라는 근원과 어떻게 연관되는지를 이해해야 한다. 기나긴 윤회에서 어떤 생에 있든 개개인은 남신/여신에게 자신을 헌신할 길을 고른다. 그들은 주요 전통에 가담할 수도 있고 특정한 사원에 속할 수도 있다. 그들은 적어도 이번 생에서 헌신할 각자의 신(Ishtadevata)을 고를 테지만, 그러면서도 일자의 다른 현현체에 바치는 공적인 제사와 예배에 참여한다. 인도에서는 다른 신들과 다른 헌신 방식들이 똑같이 타당하다고 인정받는다. 흔히 하는 말대로 같은 목표에 이르는 여러 길이 있는 것이다.

그럼에도 그 목표는 같다. 인도 종교를 '종교들의 가족'으로 생각하면, 그 후손들이 퍼져나가 서로 아무리 멀리 떨어질지라도, 서로 아무리 달라질지라도 그들이 공통 조상을 인정한다는 것을 알 수 있다. 그 가족을 이루는 종교들은 모든 다양성의 근원이자 지향인 일자를 다른 신들보다 우선으로 인정하고 경배하고자 각양각색으로 시도했다.

그중에서도 시크교 교조인 구루 나나크(Nanak, 1469~1539)가 주목할 만한 시도를 했다. 나나크는 인도인과 무슬림의 신 이름들을 사트남(Satnam), 즉 '이름이 진리이신 일자'를 가리키는 각기 다른 방법으로 사용했다. 시크교의 토대인 물 만트라(Mul Mantra)는 "단 하나의 실재가 있나니, 이름이 진리이신 근원이자 창조주"로 시작한다. 그러나 나나크를 추종한 시크교도(시크는 '배우는 사람' 또는 '제자'를 의미한다)는 자이나교도, 불교도와 마찬가지로 분가하여 독립적인 종교를 이루었다.

그렇지만 모든 다양성의 근원이 단 하나만 존재할 수 있다는 인식은 인도 종교에서 초기부터 면면히 이어져온 공통 요소다. 우리는 이미 베다에서 말하는 원초적 근원에서, 알바르들과 나야나르들의 시에서 그런 인식을 확인했다. 일자는 다양한 형태로 현현하여 끊임없이 은혜를 베풀면서 우리를 찾는다. 그러나 일자 자체를 묘사할 수는 없다.

그분은 우리의 앎 너머에 계시고,
그분은 이것이자 이것이 아니다.
그분은 자신을 애타게 찾는 사람들에게 필요한 형태로 오시지만,
그것이 그분의 형태는 아니다.

인도 철학자들은 예배용 시와 헌신을 넘어 일자와 다자가 어떻게 연관되는지를 명료하게 밝히려 했다―인도 철학 체계들 자체가 경배의 핵심어인 다르샤나(darshana, '지견知見' 또는 '관상觀想')로 불리기도 한다. 이런 맥락에서 우다야나 (Udayana)는 이렇게 말했다. "'신에 대한 관상'이라고 옳게 불리는 논리 분석은 실은 경배다⋯⋯."

그런데 그 일자는 누구 또는 무엇인가?『브리하다란야카 우파니샤드』3.9.1.9에서 저명한 스승 야즈나발키야는 신들이 얼마나 많으냐는 질문을 받는다. 그는 '3,306'(특정한 찬가에서 언급되는 숫자)이라고 답한다.

질문자가 말한다. "그렇군요, 그런데 정말로 얼마나 많은지요?"
야즈나발키야가 답한다. '서른셋.'〔베다에 나오는 숫자〕
"그렇군요, 그런데 정말로 얼마나 많은지요?"
"셋."
"그렇군요, 그런데 정말로 얼마나 많은지요?"
"둘."
"그렇군요, 그런데 정말로 얼마나 많은지요?"
"하나하고 반."
"그렇군요, 그런데 정말로 얼마나 많은지요?"
"하나."

"그 하나는 무엇인지요?"

"숨결이다. 그분은 브라만이다. 그들은 그분을 그것(Tat)이라 부른다."

모든 현현과 외양은 브라만이라는 원초적 일자로부터 나온다. '브라만'이라는 이름은 '증가하다', '강해지다'를 의미하는 어근에서 유래했다는 것이 통설이며, 베다 시대에는 제사와 만트라(Mantra)라는 주문을 통해 효력을 발생시키는 힘을 가리켰다. 훗날 브라만은 모든 힘, 실은 모든 것의 근원, 존재하는 모든 것의 생산되지 않은 생산자가 되었다. 브라만은 최고 존재 이슈바라(최고 인격을 뜻하는 푸루쇼타마Purushottama라고도 불린다)로 현현하고, 이로부터 남녀 제신의 모든 현현 형태와 우주를 구성하는 모든 외양 형태가 나온다. 『타이티리야 우파니샤드』 3.1.1에서 브리구는 아버지에게 브라만을 정의해달라고 한다. 아버지는 이렇게 답한다.

이 존재들은 그것으로부터 태어나고, 태어난 다음 그것에 의해 살아가고, 죽을 때 그것으로 들어가고, 그것을 알고자 한다. 그것이 브라만이다.

위대한 철학자 샹카라(Shankara, 788~822)는 브라만 말고는 아무것도 없다고 주장했다. 브라만은 그저 있다. 즉 속성이나 특성이 없는 브라만(니르구나 브라만)으로 있다. 그렇지만 브라만이 창조력 마야(Maya)를 통해 스스로를 확장하여 외양으로 현현하면 브라만—속성이 있는 브라만(사구나 브라만)—에 관해 무언가를 추론할 수 있게 된다.

스스로 있는 브라만은 두 가지 양태로 있나니, 하나는 드러나는 형태이고 다른 하나는 드러나지 않는 형태다. 이 변화하는 형태와 불변하는 형태는 모든 피조물 안에 존재한다. 불변하는 것은 초월적인 브라만이고, 변화하는 것은 온 우주다. 불이 한 장소에 고정된 채로 열과 빛을 발산하듯이, 온 우주는 초월적인 브라만에서 발산되는 에너지다.

이 지점에서 사람들은 난관에, 더 정확히 말하면 해탈로 나아가지 못하게 방해하는 무지(avidya)에 빠진다. 그들은 변화하는 외양을 보고서 그것이 독립적으로 실재한다고 생각한다. 그런 착오 역시 마야라고 부르는데, 그 마야는 '창의적인 착각' 또는 '환각'을 의미한다.

사람들은 앎의 길(Jnanamarga)을 통해 혼동과 무지를 떨치고 자신들이 이미 브라만이고 실은 다른 무엇이었던 적이 결코 없다는 깨달음으로 돌아갈 수 있다. "네가 그것이다(tat tvam asi)." 큰 말씀(Mahavakya) 중 하나인 이 말은 브라만 외에 아무것도 없다면 진아(眞我, 아트만)도 브라만 외에 다른 무엇일 수 없다는 진리를 요약하고 있다. "이 진아가 브라만이다."

이런 기반 위에 있는 샹카라의 체계를 불이론(Advaita, 不二論)이라고 한다. 샹카라는 신을 제거하지 않았는데, 브라만이 이슈바라와 남녀 제신의 형태로 현현하고, 사람들이 헌신과 경배를 통해 그들과 연관되기 때문이다. 그렇지만 다른 철학자들은 그 연관성이 본질적으로 '브라만임'에 속한다고 믿었다. 슈리-비슈누파의 철학자 라마누자(Ramanuja, 1017?~1137)는 샹카라와 달리 신애와 신과의 황홀한 합일이 브라만의 본질을 이룬다고 믿었다. 의식이 육체와 연관되고 육체로부터 떨어질 수 없으면서도 육체와 동일하지 않은 것처럼, 브라만은 자아 및 그 육체와 불가분하게 연관되면서도 그들과 동일하지 않다. 이런 이유로 라마누자의 체계를 '제한적 불이론(Vishishtadvaita)'이라고 한다.

샹카라와 라마누자를 비롯해 일자와 다자의 관계를 숙고한 많은 이들은 다양성을 지지하고 신의 너그러움을 강조한다. 창조된 질서 전체가 다양성과 타자성을 즐기는 신의 지극한 기쁨에서 비롯되었다는 것이다. 창조는 유희 행위, 즉 라다크리슈난(Radhakrishnan, 1888~1975)이 "창조라는 예술에 몰입하여 기쁘게 자발성을 발휘하는 활동"이라고 정의한 릴라

(lila)다.

인도 신앙에서 신의 현현체들은 그 자발적인 너그러움의 일부다. 신은 너그럽게도 자신을 만날 수 있는 다양한 길과 형태를 자진해서 창조한다. 인도 신앙은 '다신교'가 아니다. 일자에 다가가고 일자를 발견하기 위한 통로인 형태들이 아무리 많더라도 신은 단 하나뿐이기 때문이다. '우상숭배'도 아니다. 형태와 이미지는 숭배 대상이 아니라 (그리스도인에게 성화상이 그렇듯이) 신과 직접 조우하기 위한 수단이기 때문이다. 인도인들은 표지판과 그것이 가리키는 장소를 혼동하지 않는다. 경배 행위의 목적지에 이르면 그들은 신성한 다이어그램을 저리 치워버리고 이미지를 던져버린다. 그런 것들은 목표를 달성하기 위한 수단이다. 그 목적지에는 우리가 이미 흠뻑 잠겨 있을지 모르는 신밖에 없다.

당신은 저이고 저는 당신이며, 황금과 팔찌처럼, 바다와 파도처럼 당신과 저는 차이가 없습니다…… 당신은 만물을 포용하고 알고 지켜보는 바다입니다. 그 바다에 사는 한 마리 물고기인 제가 어떻게 당신의 한계를 알겠습니까? 제가 어디를 보든 당신이 있습니다. 당신을 떠나면 저는 숨이 막혀 죽습니다.

제 7 장

신을 아는 것과
모르는 것에
관하여

그리하여 눈이 녹기 시작할 무렵인 2월의 아홉째 날에 이 유별난 사람은 아득한 곳에서 아이핑 마을로 떨어졌다.

허버트 조지 웰스(Herbert George Wells)의 소설 『투명인간 The Invisible Man』의 제3장은 이렇게 시작한다. 이 작품은 자신을 보이지 않게 하는 방법을 찾는 한 남자의 이야기다. 그런데 그는 즉시 문제에 봉착한다. 평범한 사람들이 그를 보지 못하면 그들과 어떻게 의사소통할 수 있겠는가? 그들은 그의 행동의 **효과**를 볼 수 있다. 예컨대 그가 런던의 옥스퍼드가에 도착했을 때 개구쟁이 두 명이 진창에 남은 그의 발자국을 보았다. "저거 보여?" 한 소년이 말했다. "뭘 보라는 거야?" 다른 소년이 말했다. "어째서 저 발자국은 맨발 모양인 걸까. 진창에 남는 네 발자국처럼 말야." 한 무리의 사람들이 그 발자국을 뒤쫓지만 당연히 그를 보지 못한다.

옷도 없고 돈도 없는 그는 계속 남의 눈에 보이지 않는다. 어느 날 밤에 그는 궁여지책으로 한 상점에 몰래 들어가 옷가지를 걸친다. 아침에 사람들은 상점 안에 서 있는 그를 본다. "그리고 그때 계산대 쪽에서 고함이 들려왔다. '여기 그가 있다!'"

이 책은 신의 비가시성으로 논의를 시작했다. 물론 신을 보이지 않는 **남자**로 상정한 것은 아니었다. 신은 성별을 넘어서거니와 '한 남자'는 분명 아니기 때문이다. 그렇다 해도 픽윅씨에게 낯선 손님들을 소개하는 것처럼 눈에 보이는 방법으로 신을 소개할 수 없다는 사실은 변하지 않는다. 신은 눈으로 볼 수 있는 대상들 중 하나가 아니기 때문이다. 또는 9세기 그리스도교 신학자 에리우게나(Johannes Scotus Eriugena)의 말마따나 "하느님조차 자신이 **무엇**인지 모르시는데, 그분은 그 무엇도 아니기 때문이다". 같은 맥락에서 14세기에 『무지의 구름Cloud of Unknowing』을 쓴 익명 저자는 이렇게 결론 내렸다.

하느님은 인간의 지성은 물론 천사의 지성으로도 이해할 수 없다. 인간과 천사 둘 다 피조물이기 때문이다. 그러나 하느님은 우리의 지성에만 불가해하고…….

유신론적 종교들은 신이 보이지 않는다고 시종일관 역설해
왔다. "일찍이 하느님을 본 사람은 없다"(「요한의 복음서」 1:18).
"그분의 형태(rupa)는 볼 수 없다. 아무도 그분을 눈으로 보지
못한다"(『슈베타슈바타라 우파니샤드』 4.20). "아이샤가 말했다.
'여러분에게 무함마드가 주를 보았다고 말하는 사람이 있으면
그는 둘도 없는 거짓말쟁이입니다. 알라께서는 '어떤 눈도 알
라를 아우를 수 없다. 알라, 알-라티프(al-Latif, 눈으로 보기엔
너무도 미묘하신 분)는 모든 것을 본다'(s.6.103)라고 말씀하시
기 때문입니다'"(『알야미 알-사히흐alJami al-Sahih』, 1.78.337).

그렇다면 '신은 도대체(on earth) 어떻게 알려질 수 있는가?'
라는 물음이 과연 적절할까? 신은 **지상에서**(on earth) 어떻게
알려질 수 있는가? 그런 일은 신을 아는 길, 신이 알려지는 길
을 신이 창조했을 경우에만 가능하다. 그럴 경우에 신이 알려
질 수 있고, 아니면 적어도 신의 결과로서 '지상에' 나타나는
효과에 근거하여 신을 귀추적으로 추론할 수 있다. 신의 효과
는 문자 그대로 눈이나 진창에 발자국으로 나타나는 것이 아
니라 은유적으로 나타날 것이다. 예컨대 윌리엄 쿠퍼(William
Cowper)는 성서 시편의 구절을 바꾸어 "그분은 바다에 발자국
을 남기시고 폭풍에 올라타신다"라고 표현했다. 『투명인간』의

언어로 표현하자면, 신은 세상에 몰래 들어와 옷가지를 걸쳐 눈을 가진 사람들이 **볼 수** 있게 했다. 그러자 세상 쪽에서 고함이 아니라 신을 흠숭하고 경배하는 기도와 찬양이 들려왔다. "저기 신께서 계신다!"

그런데 신을 실제로 보게 해주는 옷으로는 무엇이 있는가? 비유를 덜어내고 말하자면, 신을 알게 해주는 효과로는 무엇이 있는가? 이 물음의 답은 엄청나게 긴 목록이 될 테지만, 그 중 가장 널리 공유하는 특히 중요한 항목들(모든 종교에서 이 항목들 전부를 공유하는 것은 아니지만)은 세 종류로 나뉜다.

첫번째 '옷' 종류는 '창조 의복', 즉 우주의 아름다움, 질서, 신뢰성, 광대함이다. 우리는 철학자와 시인―그리고 신자들 일반―이 이런 옷을 입은 신을 저마다의 방식으로(아니면 적어도 저마다의 언어로) 어떻게 인정하는지를 이미 살펴보았다. 예를 들어 꾸란은 알라를 가리키는 징표(ayah, 꾸란의 절節을 가리키는 낱말이기도 하다)로 가득한 창조에 대해 말한다.

하늘과 땅의 창조와 밤과 낮의 변화는 슬기로운 사람들에게는 징표다.

우주의 일관성과 아름다움을 보면서 우리는 진리, 아름다움, 선(善)이라는 틀림없이 절대적인 가치들을 인정하게 된

다. 이 가치들은 우연적이고 변화하는 환경이 얼마나 달라지
든 늘 그대로라는 의미에서 절대적이다. 시인 에드나 밀레이
(Edna Millay)는 이렇게 표현했다. "유클리드는 있는 그대로의
아름다움을 홀로 응시했다."

창조의 관점에서 보면 자연은 계시 문헌이 된다. (환경을 초
월하는) 가치들의 비우연성에 근거하여 우리는 그 가치들을
낳는 절대적이고 비우연적인 근원을 인식하기 시작할 수 있
다. 앞에서 인용한 헵번의 말마따나(제2장 참조) 그 인식 과정
은 "불가피하게 초월적이고 아득하면서도 이곳이 아름다움과
사랑의 근원임을 인식하도록 고취하는 독특한 신 체험"이다.
이것은 신의 효과 안에서 그 효과를 통해 신을 알아차리는 것
이다. 프랜시스 톰슨(Francis Thompson)의 유명한 시는 이렇게
표현했다.

오 보이지 않는 세계여, 우리는 그대를 보고,
오 만질 수 없는 세계여, 우리는 그대를 만지고,
오 알 수 없는 세계여, 우리는 그대를 알고,
이해할 수 없어도 우리는 그대를 붙잡는다!
(…)
천사들은 옛 위치를 지키고 있으니—
다만 돌을 돌리고 날갯짓을 시작하라!

찬란한 광채를 놓치는 것은
바로 그대들, 그대들의 소원해진 얼굴이니.

돌—또는 제6장에서 살펴본 에크의 표현대로 점토 덩어리—과 같은 단순한 대상이 신의 계시를 받고 신을 발견하는 계기라는 인식은, 창조주인 신이 세상에 실질적으로 현존하기 위해 아주 구체적인 사물들을 옷처럼 입는다는 광범한 믿음을 보여주는 사례다. 앞서 살펴봤듯이 예수는 빵과 포도주로 자신의 현존을 약속했다. 크리슈나는 인도 버터(ghee)—그리고 플루트—로 약속했다. 이런 만질 수 있는 신의 현존 형태들을 보통 '새크라멘트'(sacrament, 성체聖體 또는 성사聖事)라고 부른다. 라틴어 사크라멘툼(sacramentum)은 본래 법정에서의 민사소송 또는 그 절차를 의미했고, 법정에서 진실을 말하겠다고 다짐하는 엄숙한 약속이라는 의미에서 신병이 로마군에 충성하겠다고 다짐하는 맹세라는 의미로 바뀌었고, 다시 모든 종류의 엄숙한 확약 또는 서약을 의미하게 되었다. 사크라멘툼은 부모가 조바심을 내는 자녀에게 하는 약속과 비슷하다. 로마 시인 호라티우스(Horatius)는 『서정시집Odes』 2.17.10에서 사크라멘툼을 정확히 그런 의미로 썼다. "너를 속이는 게 아니란다. 사크라멘툼을 말했잖니. 우린 갈 거란다, 갈 거야."

로마인에게 사크라멘툼은 절대적인 약속과 확약을 의미하

는 낱말이었고, 그런 이유로 초기 그리스도교는 인간의 삶에 현존하면서 차이를 만들겠다는 하느님의 확약을 표현하는 낱말로 사크라멘툼을 택했다. 그리스도교에서 성사는 '내면적이고 영적인 은총의 외면적이고 가시적인 징표'로 정의된다. 인도의 삼스카라(samskara)처럼 그리스도교의 새크라멘트에 상응하는 표현들이 다른 종교들에도 있다. R. B. 판데이(Rajbali Bali Pandey)는 삼스카라를 '힌두 성사'(그의 책의 부제)라고 불렀는데, 그에 따르면 삼스카라는 "개인의 몸과 마음과 지성을 성화하여 공동체의 어엿한 일원이 되게 하는" 의례와 행위다.

신이 '입는'(즉 자신을 알아볼 수 있게 하는) 두번째 옷 종류는 '영감'—예술이나 과학, 기술의 영감이든 인간을 매개로 하는 영감이든—이라고 일컫는 인간들과의 상호작용이다. 이것은 창조성의 **지속적인** 작용이다. '옷' 은유를 계속 사용하자면, 엘리야와 무함마드 같은 예언자들이 신과 함께 모습을 숨긴 채로 영감을 받기 위해 덮어쓰는 망토('몸을 감싸고 어둠을 빛으로 대체하는 망토')에 빗댈 수 있을 것이다.

그러므로 그런 '옷'은 신의 내재성에 열려 있는 사람들, 즉 신이 만드는 차이에 열려 있는 사람들과 신의 협동 작업이다. 그 옷은 인간과 신의 협력에서 비롯된다. '협동'과 '협력' 둘 다 문자 그대로 '함께 일하다'를 의미하고, 인간과 신이 협력하지 않는다면 다르게 발생할, 끝이 없고 대개 놀라운 결과들을 가리킨다. 인간들은 신의 지속적인 창조성 안에서 신을 보조하는 작인(作因)이 된다.

더 구체적으로 말하면, 대개 영감과 계시는 (특정한 인간이라는 작인과 함께 일하는) 신에게서 유래했거나 신이 지었다고 하는 특정한 말씀과 연관되어왔고, 그런 까닭에 권위를 지닌다. 물론 (제2장에서 지적했듯이) 한 종교의 계시와 다른 종교의 계시가 상충할 수 있다는 점, 신의 성격을 드러내는 특정한 계시에 대한 해석이 시간이 지남에 따라 바뀔 수 있다는 점에 유념해야 한다. 그렇다 해도 계시의 말씀은 지속적으로 신을 생생하게 표현하고, 특히 신을 신뢰하고 확신하면서 살아가고 말하도록 사람들을 계속해서 움직이고 고무한다.

신이 자신을 보이기 위해 걸쳐온 세번째 '옷' 종류는 인간의 육신이다. "아득한 곳에서 아이핑 마을로 떨어"진 유별난 '투명인간'처럼 신은 인체를 입은 채로 무한성과 초월성에서 베들레헴 마을로(예수의 경우), 또는 마투라 마을로(크리슈나의 경우), 또는 아요디아 마을로(라마의 경우) 내려온다. 사람들은 신이 이처럼 인간 형태로 현현하고 그로써 세상에 계속해서 영향을 끼친다고 믿는다(물론 모든 종교에서 인간 형태의 현현을 믿는 것은 아니며 특히 무슬림은 예외다). 이런 믿음이 있는 까닭에 (앞에서 인용한) 톰슨의 시는 다음과 같이 끝난다.

그러나 (더 슬플 수 없을 만큼 슬플 땐)

울어라—그토록 아픈 너의 상실 위에서

환히 빛날지니, 천국과 채링크로스가 사이에 세운

아홉의 사다리를 오르내리는 천사들이.

그래, 밤중에, 나의 영혼아, 나의 딸아,

울어라—천국의 가장자리에 매달려서.

그리고 보라, 물위를 걷는 그리스도를,

게넷사렛 호수가 아닌 템스 강을!

이 '현현체들'(이미 설명한 용어를 사용하자면)은 얼추 '신의 화신'으로 묶을 수 있을 테지만, 예수의 화신에 대한 믿음과 크리슈나와 라마의 화신에 대한 믿음은 크게 다르다. 다시 말해 종교들은 신의 화신들 각각의 인성(人性)을 서로 판이하게 이해하고, 도움 없이 자력으로 빠져나올 수 없는 곤경에 처한 인간에게 화신들이 제공하는 구제책(더 정확히 말하면 각기 다른 구제책) 역시 판이하게 이해한다.

그럼에도 종교들은 신이 주도적으로 인간들을 만나고자 절반쯤 다가와서 필요한 도움을 받으라고 권한다는 믿음을 공유한다. 인간들 쪽에서 신의 구제와 교정을 필요로 한 예는 수두룩하다. 코핀 성의 공작(제임스 서버James Thurber의 소설 『13개의 시계The 13 Clocks』의 등장인물—옮긴이)은 "우리 모두 결점이 있지. 내 결점은 사악해진다는 거야"라고 말했다. 앞서 살펴본 대로 꾸란에는 인간의 허물이나 죄를 가리키는 낱말이 100개 이상 있다. 『바가바드기타』(4:7~8)에서 크리슈나는 이렇게 선포한다. "선업이 쇠하고 악업이 성할 때마다 내가 모습을 드러내리라. 선한 자들을 구하고 악한 자들을 멸하기 위해, 다르마를 바로 세우기 위해 나는 대대로 태어난다."

그런데 신은 왜 절반만 다가올까? 왜 끝까지 다가오지 않을까? 그럴 경우 신과 인간의 관계는 강압적이고 피할 수 없는 관계가 되어 심리학에서 말하는 '간극 유도 관계'의 특성이 없어지기 때문이다. 이 용어는 우리를 둘러싼 상황과 '타자'가 누구이고 무슨 일을 한다는 판단에 따라 우리가 타자와 우리 자신 사이의 간극을 좁힌다는 것을 의미한다. 그 '타자'가 의사와 간호사라면 우리는 그들 앞에서 벌거벗을 정도로 그들이 직업상 간극을 좁히는 것을 허용한다. 사랑하는 사람 앞에서 우리는 단지 벌거벗는 것이 아니라 그 사람과 하나의 육신이 될 정도로 간극을 좁힌다.

신의 현현체들은 신이 주도적으로 창조주와 피조물 사이의 간극을 좁힌다는 것, 그런 까닭에 우리가 신의 초청에 응답한다면 완전한 개방과 사랑의 관계로 귀결될 수 있다는 것을 분명하게 보여준다. 그토록 많은 언어와 시가 두 사람의 성생활과 완전한 사랑(육체, 정신, 영혼) 경험—자신을 완전히 벗어나

타자와 합일하는 황홀경(ecstasy) 경험(그리스어 ek+stasis는 '밖에 서다'를 의미한다)—에서 얻은 표현들로 신과 인간의 관계를 말하는 이유가 여기에 있다. 일반적으로 창조는 신의 황홀경으로, 즉 신이 스스로 넘쳐흘러서 타자성을 만들어내는 지극히 즐거운 활동(인도인들이 말하는 릴라)으로 이해된다. 신성 하디스에서 알라는 이렇게 언명한다. "나는 알려지기를 바라는 숨겨진 보물이었다. 그래서 나는 내가 알려지도록 세상을 창조했다."

신이 주도하는(그러나 결코 강요하지 않는) 초대에 우리가 응답할 때, 신과 우리의 간극은 사라진다. 그 결과는 뤼스브룩이 말한 대로(제1장 참조) "활동적인 만남과 사랑스러운 포옹", "환희로운 즐거움을 주는 신성한 상태", "사랑스러운 황홀감의 환희로운 포옹 안에서 안식하는 영원한 상태"다.

신의 사랑과 합일하는 황홀한 경험은 대개 지극히 실천적인 갖가지 결과를 가져온다—일례로 그 사랑을 경험한 사람은 다른 사람들과 사심 없이 나누고자 한다. 그런데 신이 뒤로 물러나거나 무단이탈하는(어디로 간다고 전혀 알리지 않고 사라지는) 때가 있다. 그래도 합일을 경험한 사람들은 그 환희롭고 사랑스러운 포옹을 부인하거나 잊지 못한다. 신의 부재라는 어둠과 막막함 속에서도 그들은 믿음을 포기하지 않고 오히려 끝까지 고수한다. 신이 부재한 때에도 흔들리지 않는 신앙을 인도에서는 '부재-신애'(Viraha-Bhakti)라고 부른다. 12세기 인도의 시인 자야데바(Jayadeva)의 서정시에서 라다는 남편 "크리슈나와 떨어져서 괴로워한다".

정열이라는 불의
타오르는 불길처럼
그녀의 깊은 한숨은
열기를 내뿜는다.
줄기가 부러진 연(蓮)에서
이슬이 흘러내리듯이
그녀의 눈에서 눈물이 흐른다.

그리스도교에서 십자가의 요한은 십자가에 못박힌 그리스도의 고통을 반영하는, 하느님과 떨어지는 고통을 가리켜 '영혼의 어두운 밤'이라고 말했다(그림 8 참조). "사랑하는 분이시여, 어디에 숨으셨나이까? 당신을 찾아 나섰으나 당신은 떠나셨습니다." 십자가의 요한과 자야데바와 그 밖에 수많은 사람들은 모두 지속적인 믿음이 빛과 사랑으로 돌아온다는 것을 확인했다.

오 환히 불타며

눈부신 빛을 내는 등불들이

내 영혼의 깊은 동굴을 빛의 웅덩이로 바꾸는구나!

한때 그늘지고 어둑하고 무지했으나

이제 새로 얻은 낯선 불빛이

나의 사랑의 기쁨을 위해 온기와 광채를 주는구나.

신을 사랑하는 기쁨은 잊지 못할 경험이며 신이 부재한 때에도 망각되지 않는다. 이제 우리는 앞에서 인용한 『무지의 구름』의 문장을 완성할 수 있다. "하느님은 인간의 지성은 물론 천사의 지성으로도 이해할 수 없다. 인간과 천사 둘 다 피조물이기 때문이다. 그러나 하느님은 우리의 지성에만 불가해하고 우리의 사랑에는 결코 불가해하지 않다."

우리의 사랑에는 결코 불가해하지 않다. 그러나 사랑은 신에 관해 알려져 있는 모든 것을 이제 우리가 안다는 것을 의미하지 않는다. 오히려 우리는 신과 함께 있고 환희로운 포옹 안에서 안식하면서 신을 **모른다**는 깨달음, 신을 **알 수 없다**는 깨달음에 이르게 된다. 친구들을 아주 한정된 선까지만 아는 픽 윅 씨보다도 우리가 신에 대해 더 모른다. 무슬림의 기도문 '알라후 아크바르'(Allahu Akbar)는 문자 그대로 우리가 알라에 관해 어떻게 말하거나 생각하든 '알라는 더 위대하시다'라는 의미다. 또한 그리스도교 역사에서 아주 흔하게 쓰인 표현

8. 이 그리스도 수난도는 십자가의 요한의 작품이다. 살바도르 달리는 이 그림에서
영감을 얻어 승리자 그리스도를 찬양하는 유명한 그림 〈십자가의 성 요한의 그리
스도〉를 그렸다.

대로 우리가 말하고 상상할 수 있는 그 무엇보다도 '하느님은 언제나 더 위대하시다'(Deus semper maior).

이런 이유로 철학자들은 타당한 근거를 들어 신이 있다고 결론 내릴 수는 있어도 문자 그대로 신이 **무엇인지** 묘사할 수는 없다. 그래서 많은 이들은 신은 무엇이 아니라는 것만 자신 있게 말할 수 있다고 결론 내렸다. 예를 들어 신은 높이 1.2미터에 너비 0.9미터가 아니다. 이슬람 신학자 알아샤리(alAshari)에 따르면 "신은 육체도 아니요, 물체도 아니요, 질량도 아니요, 형태도 아니요, 살도 아니요, 피도 아니요" 그 밖에 60가지나 더 아니다.

물론 '신이 입는 옷들'에 근거해, 자연의 책과 계시의 책에 나타나는 신의 효과들에 근거해 신에 대해 많이 말할 수 있는(그리고 **말해지는**) 것은 사실이다. 각자의 신 경험에 근거해 많이 말하고 행동하기도 한다. (이 책의 서두를 함께한) 철학자들과 시인들이 제각기 다르게, 그러나 공통된 목소리로 말하는 이유가 여기에 있다. 이렇게 신에 대해 긍정적으로 말하는 길을 '긍정 신학'(kataphatic theology, 긍정문을 뜻하는 그리스어 kataphasis에서 파생)이라고 한다. 일반 신자들도 같은 근거에 입각해 찬송가를 부르고 기도를 하는 식으로 신에 대해 많이 말한다. 이런 태도는 앞에서 논한, 충분히 검증하고 가려낸 신의 신빙성에서 비롯된다.

그러나 이미 살펴본 다양한 이유들 때문에 신이 **무엇인지** 알수는 없다. 이 특정한 의미의 알 수 없는 신에 대해 우리가 긍정적으로 뭐라고 말하든 그 말은 수정되고 더 나아가 부정될수밖에 없다. 언제나 필연적으로 신에 미치지 못하는 말이기때문이다—'신은 언제나 더 위대하시다'. 종교들은 각기 다른표현으로 이 점을 인정한다. 예컨대 유대교에서는 무(無, ayin), 그리스도교에서는 '부정의 길'(via negativa), 이슬람교에서는 '어떻게라고 묻지 않으면서'(bila kayfa), 인도에서는 '그것이 아니다! 그것이 아니다!'(neti, neti, 또는 그냥 '아니다! 아니다!')라는 표현을 사용한다.

모든 형태의 부정의 길은 우리가 신에게 더 가까이 다가가기를 소망한다면 신에 **대한 관념들**을 포기하고 우리의 개념들일체가 신이 무엇인지 묘사하는 데 쓸모가 없음을 깨달을 필요가 있다고 강조한다. 긍정 신학과 상반되는 이 부정의 길은부정 신학(apothatic theology)이라고 하며, 모든 유신론적 종교는 부정 신학의 진리성과 중요성을 인정한다. 부정 신학의 대담한 옹호자인 에크하르트(Eckhart, 1260?~1327/8)에 따르면우리는 신이 '선하다'거나 '현명하다'고, 심지어 신이 존재한다고도 말할 수 없다. 그런 말들은 완전히 초월적인 신을 인간이해력의 한계 안에 가두기 때문이다.

이제 이 점에 주목하라. 하느님은 이름이 없으시니, 그분에 대해 말하거나 그분을 알 수 있는 사람은 아무도 없기 때문이다……내가 '하느님은 선하시다'라고 말하면 이는 참말이 아니다……'좋은', '더 좋은', '가장 좋은' 따위 표현은 하느님과 거리가 멀다. 하느님은 완전히 초월적이시기 때문이다…… 혹은 내가 '하느님은 존재하신다'라고 말하면 이 또한 참말이 아니다. 그분은 존재를 초월하는 존재다. 즉 그분은 존재를 초월하는 무(無)다…… 그러니 침묵을 지키고 하느님에 대해 떠들지 말지어다. 그분에 대해 떠들면서 거짓을 말하고 죄를 짓기 때문이다.

여기서 알 수 있듯이 부정의 길은 신에 대해 부정적인 길이 결코 아니다. 부정의 길은 신이란 끊임없는 초대이며 우리 자신의 관념과 전제조건을 버리면 버릴수록 신의 사랑 속으로 더 깊이 들어갈 수 있다고 단언한다.

그 사랑의 가장 깊은 심층에서 우리는 기존의 '신 특징짓기'를 변경하고 포기하고 대체할 수밖에 없다(종교의 역사에서 신 특징짓기가 끊임없이 바뀌어온 것처럼). 그 사랑의 관계로 더 깊이 들어갈수록 신이라는 타자를 말로 표현하기가 점점 더 불가능해진다. 우리가 알 수 있는 것이라곤 그 사랑의 상태뿐이다.

이것이 뤼스브룩이 말한 "헤아릴 수 없고 모형이 없는 신의 존재", "사랑하는 자들 모두가 길을 잃는 그 캄캄한 고요", "형언할 수 없는 심연"의 의미다. 신을 형언하려는 것은 '무지의 구름'으로 들어가 "당신을 초월하는 그 어둠을 가르고, 사랑을 갈망하는 날카로운 투창으로 그 두꺼운 무지의 구름을 치려는" 시도다. 그렇게 해도 그 구름은 걷히지 않는다.

처음 시도할 때 당신은 어둠, 무지의 구름만을 발견할 것이다. 당신이 아는 것이라곤 하느님에게로 다가가려는 벌거벗은 지향성을 당신이 느낀다는 것뿐이다. 당신이 아무리 노력해도 당신의 하느님 이해를 흐릿하게 하는 그 구름은 걷히지 않을 것이고, 하느님의 달콤한 사랑을 느끼지 못하게 하는 그 어둠은 늘 당신과 하느님 사이에 자리할 것이다. 그러니 그 어둠을 받아들여 그 안에서 안식하되 당신이 사랑하는 그분께 언제나 소리쳐 호소하라. 설령 당신이 현세에 하느님을 보거나 느끼더라도 어디까지나 이 구름과 이 어둠 안에서 보고 느끼는 것이기 때문이다.

짧든 길든 신에 대한 소개는 이런 결론에 이르기 마련이다. 우리는 제1장 첫머리에 인용한 왕이 말한 대로 해서 이제 끝에 이르렀다. 그러나 "끝까지 다 읽은 다음 멈추어라"라는 그의 마지막 지시는 따를 수 없다. 그 이유는 우리가 이 책의 결말에 도착하는 동시에 신이라는 목표에, 우리의 모든 갈망과 우리의 모든 바람의 마지막 안식처에 도착했기 때문이다. 그러므로 이 종점은 그저 출발점, 새 삶의 시작일 뿐이다.

신은 초대이며 누구에게나 초대장을 보낸다. 그 초대를 받아들이고 싶다면 어떻게 해야 할까? 우선 기도를 하라. 기도의 시작은 단순하기 그지없다. 그저 자의로 신을 마주하고서 신을 의식하는 것이다. "당신께서 나를 만드셨고 당신께서 나를 살게 하십니다. 이 숨과 이 순간은 당신의 선물입니다. 당신은 저를 아십니다. 제가 당신을 알도록 도우소서." 기도는 사랑의 관계이므로 나 자신을 위한 기도는 분명 나를 넘어 다른 사람들을 위한 기도와 행동으로 나아갈 것이다. 그렇다 해도 그건 출발점일 뿐이다.

감사의 말

이 책의 일부는 어느 정도는 공저자인 내 아내 마거릿이 썼다. 내 시력이 점점 안 좋아진 탓에 마거릿은 원고를 세심하게 교정하기까지 했지만, 남은 오류는 당연히 내 책임이다. 교정 말고도 숱한 작업을 처리해준 아내에게 막대한 감사의 빚을 졌다. 우리 둘은 세라 브루닝의 도움과 격려를 똑같이 고맙게 생각한다.

유익한 제안을 해주고 오류를 바로잡아준 많은 이들에게, 특히 피터 배럿, 칩 코클리, 퀸튼 딜리, 데이비드 헤이, 벤 오루크 아우구스티누스회 수사, 로미 린들리에게 고마움을 전한다. 마하데비 그림을 제공해준 비스와나탄 박사와 이 책의 출간에 불가결한 지원을 해준 개빈 플러드에게 특별히 감사드린다. 아울러 시험을 마치고 초고를 읽어준 레더헤드 세이트 존스 학교의 교사 게리 웨이드와 6학년 학생들에게도 고마움을 표한다. 그들의 논평은 크나큰 도움이 되었다.

옥스퍼드 대학 출판부의 여러 실무자에게는 특별히 고맙다는 말을 해야겠다. 출간 과정은 모두의 예상보다 훨씬 복잡했고, 그 결과로 담당 편집자 앤드리아 키건이 가욋일을 많이 떠맡아야 했다. 그녀의 능숙한 조율과 압박을 견뎌낸 인내에 감사드린다. 에마 마, 캐럴 카네기, 캐리 히크먼, 조이 멜러, 케이 클레멘트와 일한 것은 내게 기쁨이었으며, 그들의 역량과 도움에 감사드린다.

참고문헌

입문서로 유용한 책은 굵은 글꼴로 표시했다.

서문

"인간 추종자들에게……" T. Griffith and H. Griffith, *Ancient Greek Philosophy: An Introduction*, Naxos Audio Book, 2007.

"인간 지성의 영역을……" J. Hick, 'A Response to Cardinal Ratzinger on Religious Pluralism', *New Blackfriars*, LXXVIII, 1997, p. 457.

제1장 신은 존재하는가?

"흰토끼가……" L. Carroll, *Alice's Adventures in Wonderland*, ch. 12.

"우리의 감각에……" Augustine, *The Confessions*, 1.9.14. 아우구스티누스는 더 나이가 들어 이렇게 말했다. "내가 '하느님'이라고 말했을 때 나는 무엇을 생각하고 있었던가? 육신과 정신을 가진 변할 수 있는 모든 피조물을 초월하는 어떤 위대하고 완벽한 존재……, 살아 있고 영원하고 전능하고 무한하고 어디에나 현존하고 어디서나 완전하고 어디에도 구속되지 않는 어떤 존재……" (*Homilies on the Gospel of John*, 1.1.8).

"신이 있다는 주장을……" R. Swinburne, *The Christian God*, Oxford: Clarendon Press, 1994, p. 125.

"은총의 해 1654년……" 파스칼의 수기.

"우리의 유일한 의무는……" I. V. Peterson, *Poems to Śiva: The Hymns of the Tamil Saints*, Delhi: Motilal Banarsidas, 1991, p. 295.

"뉴턴적 우주는……" M. Kumar, *Quantum: Einstein, Bohr and the Great Debate about the Nature of Reality*, London: Icon Books, 2010, p. 218.

"그가 제일 좋아하는……" 허버트 스펜서에게 보낸 편지, *Life and Letters of Huxley*, Ⅰ, p. 231.

"예측할 수 있는……" R. Feynmann, 'First Principles of Quantum Mechanics', in *Easy and Not-So-Easy Pieces*, London: Folio Society, 2008, p. 113.

"신보다 인식력이……" C. Taliaferro, *Consciousness and the Mind of God*, Cambridge: Cambridge University Press, 1994, p. 287.

"누군가 우리에게……" A. G. N. Flew, ed., *New Essays in Philosophical Theology*, London: SCM, 1955, p. 98.

"신 가설은……" Julian Huxley, *Religion without Revelation*, pp. 58, 62

"우리가 신 또는 자연이라……" B. de Spinoza, *Ethics*, in C. Gebhardt, *Opera*, Heidelberg: Winters, 1925, Ⅳ, p. 206.

"애니미즘은 사실……" E. B. Tylor, *Primitive Culture*, London, 1871, Ⅰ, p. 426.

"모든 존재의……" P. Tillich, *The Shaking of the Foundations*, London: Penguin, 1962, p. 63f.

"성부는 우리가……" J. Ruusbroec, *The Adornment of the Spiritual Marriage*, trans. C. A. Wynschenk, London: Dent, 1916, p. 173.

"한데, 이 활동적 만남과……" *John Ruusbroec: The Spiritual Espousals and other Works*, trans. J. A. Wiseman, Mahwah: Paulist Press, 1985, p. 152.

우다야나는…… 변호했다. N. S. Dravid, *Nyayakusumanjali of Udayanacarya*, Delhi: Indian Council of Philosophical Research, 1996.

"과학으로서의 과학은……" A. Flew, ***There Is a God: How the World's Most Notorious Atheist Changed His Mind***, New York: HarperCollins, 2007, p. 155.

"우리는 세계에……" J. Foster, *The Divine Lawmaker: Lectures on induction, Laws of Nature and the Existence of God*, Oxford: Clarendon Press, 2004, p. 160.

'왜?'라는 물음에 대한 리처드 도킨스의 발언은 J. Bowker, *The Sacred Neuron*, London: I. B. Tauris, 2005, p. ix 참조.

"기실 우주의……" B. Davies, ***Thinking about God***, London: Chapman, 1985, p. 28.

"신이 우주……" D. Conway, *The Rediscovery of Wisdom*, London: Macmillan, 2000, p. 134.

제2장 왜 신을 믿는가?

"성령의 목적은……" Galileo, 'Letter to the Grand Duchess Christina', ed. M. A. Finocchiaro, *The Galileo Affair: A Documentary History*, Berkeley: University of California Press, 1989, p. 96.

"내가 보기에……" Polybius, *Histories*, VI, §56.

"슈루티가 영적 문제에서……" S. M. S. Chari, *Advaita and Viśṣṭādvaita: A Study Based on Vedanta Desika's Śatadūṣaṇi*, London: Asia Publishing House, 1961, p. 78ff.

"자연의 한 조각이든……" R. Feynmann, *Easy and Not-So-Easy Pieces*, London: Folio Society, 2008, p. 4.

'의식의 기원이……' J. Jaynes, *The Origin of Consciousness in the Bicameral Mind*, new edn., London: Penguin, 1993.

"우리 뇌가······" A. Newberg, E. d'Aquili, and V. Rause, *Why God Won't Go Away*, New York: Ballantine, 2001, p. 172.

"우리의 종교적 믿음이······" D. Hay, *Something There: The Biology of the Human Spirit*, London: Darton, Longman and Todd, 2006, p. xii.

"일종의 신비한 깨달음······" B. Russell, *The Autobiography of Bertrand Russell*, London: Unwin Books, 1975, p. 149.

"사방으로 발하는······" K. Clark, *The Other Half*, London: John Murray, 1977.

"필연적으로 초월적이고······" R. W. Hepburn, 'Holy, numinous, and sacred', in T. Honderich, ed., *The Oxford Companion to Philosophy*, Oxford: Oxford University Press, 1995, p. 372b.

"믿음은 변하지······" J. H. Newman, *Development of Christian Doctrine*, 1.1.5.7.

"심리학적으로 보아······" C. J. Jung, Foreword to V. White, *God and the Unconscious*, London: Harvill, 1952, p. xiii.

변화에 저항할 경우 도킨스가······ 『신이라는 망상』의 문고본 서문(London: Black Swan, p. 15)에서 도킨스는 세상을 더 나은 곳으로 만들어줄 "세심하고 미묘한" 종교 형태들이 있지만, 자신의 표적은 도전 또는 *변화에* 열려 있지 않은 신 특징짓기를 주장하는 종교라고 말했다. 사실 도킨스는 더 일반적인 표적들을 공격하지만, 지면 문제로 여기서 고찰할 수는 없다. 종교에 대한 서술만이 아니라 (놀랍게도) 유전학과 진화에 대한 서술에서 찾아볼 수 있는 도킨스의 심각한 오류는 J. Bowker, *Why Religions Matter*, Cambridge: Cambridge University Press, 2014에서 더 상세하게 검토된다.

제3장 아브라함의 종교들: 유대교의 신 이해

"그러나 너희 하느님······" 「신명기」 20:16~18.

"그러니 여러분은……"「여호수아기」24:14~15.

"그러자 야훼의 불길이……"「열왕기상」18:21~40.

"우찌야 왕이……"「이사야서」6:1.「아모스서」9:1 "내가 보고 있는데 주께서 제단 옆에 서서……" 참조.

"그는 이스라엘 백성이……"「레위기」16:16.

"하느님은 하나다……" Maimonides, *Fundamental Principles of the Torah*, 1.

"그러므로 너희는……"「신명기」7:9~11.

"하늘을 창조하여……"「이사야서」42:5~9.

"살아남아라" 홀로코스트에 대한 유대인의 이런 반응과 그 밖에 다른 반응을 요약한 서술은 *The Oxford Dictionary of World Religions*의 'Holocaust, Shoah, Hurban' 항목 참조.

"솔리 기트닉은……" William McAllister의 *A Handful of Rice*에 묘사된 사건에서 영감을 받아 지은 이 시는 J. Bowker, *Before the Ending of the Day*, Toronto: Key Publishing, 2010, p. 23에 수록되어 있다.

"역사상 알려진……" D. Runes, *The War Against the Jew*, New York: Philosophical Library, 1968, p. 82.

제4장 아브라함의 종교들: 그리스도교의 신 이해

"온 세상이 아버지를……"「루가의 복음서」11:2

"'네 마음을……"「마태오의 복음서」22:37~40.

"삼위일체 신학은……" C. M. LaCugna, ***God for Us: The Trinity and Christian Life***, New York: HarperCollins, 1991, p. 243.

"우리는 같은……" M. Wolf, ***Do We Worship the Same God?*** Grand Rapids, MI: Eerdmans, 2012.

제5장 아브라함의 종교들: 이슬람의 신 이해

"꾸란은 알라의 말씀으로……" *AlFiqh alAkbar II*, art.3. 이를 비롯한 이슬람의 이른바 '신조들'은 다음 참조. W. Montgomery Watt, ***Islamic Creeds: A Selection***, Edinburgh: Edinburgh University Press, 1994.

'최고의 경배 행위' W. C. Chittick, ***Sufism: A Beginner's Guide***, Oxford: Oneworld, 2008, p. 67.

"이슬람의 주된……" M. Ruthven, ***Islam: A Very Short Introduction***, Oxford: Oxford University Press, 2000, p. 49.

D. Thomas, *Anti-Christian Polemic in Early Islam: Abu 'Isa al-Waraq's 'Against the Trinity'*, Cambridge: Cambridge University Press, 1992. 이 책의 텍스트 자체는 입문용이 아니지만, 서론에서 무슬림들이 직면했던, 하느님과 그리스도에 대한 그리스도인들의 다양한 이해를 명료하게 서술한다.

"인간의 자급자족……" W. Montgomery Watt, *Free Will and Predestination in Early Islam*, London: Luzac, 1948, p. 165.

"사람들이 하는……" *AlFiqh alAkbar II*, art.6.

"그들(통치자들)은 신앙을……" Ziya udDin Barani, *Tarikh-i-Firuzshahi*, ed. A. Khann, Calcutta: Asiastic Society of Bengal (Bibliotheca Indica, 21), 1860-2.

제6장 인도의 종교들

"이 세계라는 실체……" D. L. Eck, ***Encountering God: A Spiritual***

Journey from Bozeman to Banaras, Boston: Beacon Press, 1993, p. 83. 아울러 Eck, *Darśan: Seeing the Divine Image in India*, Chambersberg: Anima Press, 1981.

"푸자는 기원……" S. Huyler, ***Meeting God: Elements of Hindu Devotion***, New Haven: Yale University Press, 1999, p. 36.

"오소서, 새벽이여……" *Rig Veda* 7.77.

"나(바크)는 바루나와……" *Rig Veda* 10.125.

"그들은 그것을……" *Rig Veda* 1.164.46.

피자 효과: A. Bharati, 'The Hindu Renaissance and its Apologetic Patterns', *Journal of Asian Studies*, XXIX, 1970, p. 273.

"초기 불교는……" M. M. J. Marasinghe, *Gods in Early Buddhism: A Study in Their Social and Mythological Milieu as Depicted in the Nikayas of the Pali Canon*, Kelaniya: University of Sri Lanka, 1974, p. 79.

"보라! 주의……" *Tiruvaymoli* 5.2.1.

"그(크리슈나)는 신애를……" *Bhagavadgita* 8.22.

"내 곁에 시간을……" *Bhagavata Purana* 11.3.

"루드라는 둘도 없는……" *Shvetashvatara Upanishad* 3.2−6.

"내 안에서……" *Devi Gita* 3.12−18, trans. C. M. Brown, *The Devi Gita: The Song of the Goddess*, Albany: State University of New York Press, 1998, p. 118.

"그분은 우리의……" *Tiruvaymoli* 2.5.9.

"스스로 있는 브라만은……" *Vishnu Purana* 1.22.

"'신에 대한 관상'이라고……" Udayana, *Nyayakusumanjali* 1.3.

제7장 신을 아는 것과 모르는 것에 관하여

"하늘과 땅의……" Quran 3.185/188; 2.159/164의 더 긴 징표 목록 참조.

"유클리드는……" E. St. V. Millay in *American Poetry, 1922: A Miscellany*, New York: Harcourt, Brace, 1922.

"오 보이지 않는……" Francis Thompson, *Selected Poems of Francis Thompson*, London: Burns, Oates, 1921, p. 132f.

"개인의 몸과……" R. B. Pandly, *Hindu Samskaras: A Socio-Religious Stury of the Hindu Sacraments*, Benares: Vikrama, 1949.

"정열이라는 불의……" *Gitagovinda* 4.9.13f., trans. D. Mukhopadhyay, *In Praise of Krishna: Translation of Gitagovinda of Jayadeva*, Delhi: B. R. Publishing, 1990, p. 41.

"오 환히 불타며……" M. Flower, trans., *Centred on Love: The Poems of St John of the Cross*, Varrowville: The Carmelite Nuns, 1983, p. 18.

"신은 육체도 아니요……" alAshari, *Maqalat allslamiyin*, ed. H. Ritter, Istanbul, 1920–30, Ⅰ, 155f.

"이제 이 점에……" Sermon 28, in O. Davies, trans., *Meister Eckhart: Selected Writings*, London: Penguin, 1994, p. 236f.

"처음 시도할 때……" *The Cloud of Unknowing*, 3.

독서안내

이 책은 광대한 주제―누군가는 무한한 주제라고 말할 것이다―를 다루고 사실상 모든 문장이 물음 내지 도전에 열려 있다. 나와는 다른 목소리를 내는 사람들도 많다. 그렇다 해도 여기서 제시할 수 있는 것보다 더 상세한 서술과 더 긴 참고문헌 목록을 제시하는 나의 저서들을 알아두면 도움이 될 것이다. 특히 다음을 참조하라.

God: A Brief History, London, Dorling Kindersley, 2002.
과거부터 현재까지 다양한 신 이해를 추적한다.

The Message and the Book, London, Atlantic Books, 2011.
이 책에서 논하거나 언급한 종교들을 포함해 주요 종교들의 성전(聖典)을 더 상세하게 소개한다.

The Sense of God: Sociological, Anthropological and Psychological Approaches to the Origin of the Sense of God, 2nd edn, Oxford, Oneworld, 1995.
그간 연구의 세부 내용이 바뀌긴 했지만, 오늘날 여전히 진행되는 논쟁의 배경과 맥락을 알려준다.

참고문헌에 포함한 책들 중 일부는 입문용 읽을거리로 적합하다. 그런 책에는 저자와 제목만 밝히고 굵은 글꼴로 표시했다.

앞부분 장들

서두에서 신과 관련하여 '남성'과 '여성', 한쪽 성에 특화된 언어라는 쟁점을 제기했다. 그리스도교의 맥락에서 이 쟁점을 훌륭하게 논한 책들이 있다. 일례로 A. F. Kimel ed., *Speaking the Christian God: The Holy Trinity and the Challenge of Feminism*, Grand Rapids, Eerdmans, 1992를 보라. 그리고 G. M. Jantzen, *Power, Gender and Christian Mysticism*, Cambridge University Press, 1995는 이 쟁점에 페미니즘적 관점을 탁월하게 적용한 사례다.

B. Davies, ***Thinking about God*** 근래에 Davies는 제1장에서 제기한 물음을 다루는 *The Reality of God and the Problem of Evil*(London, Continuum, 2006)을 썼다.

R. Swinburne, *The Christian God*, Oxford, Clarendon Press, 1994. 입문서는 아니지만, Swinburne은 *Is There a God?*, Oxford, Oxford University Press, 1996에서 더 읽기 쉬운 요약을 시도했다.

A. Flew, ***There Is a God***.

아퀴나스와 우다야나

E. Feser, *Aquinas: A Beginner's Guide*, Oxford, Oneworld, 2009.
내가 아는 한 위 책만큼 접근하기 쉬운 우다야나 입문서는 없다. 읽기가 쉽지는 않지만 가장 근접한 책은 G. Chemparathy, *An Indian Rational Theology: Introduction to Udayana's Nyayakusumanjali*, Leiden, Brill, 1972다.

신경과학과 경험

A. Newberg, E. d'Aquili and V. Rause, ***Why God Won't Go Away.***
D. Hay, ***Something There: The Biology of the Human Spirit.***

아브라함의 종교들

F. E. Peters, *The Children of Abraham: Judaism, Christianity, Islam*, Princeton University Press, 2004.

M. Byrne, *The Names of God in Judaism, Christianity, and Islam: A Basis for Interfaith Dialogue*, London, Continuum, 2011.

M. Wolf, ***Do We Worship the Same God?*** 같은 저자의 ***Allah: A Christian Response***, New York, HarperOne, 2011도 참조.

J. Imback, *Three Faces of Jesus: How Jews, Christians, and Muslims See Him*, Springfield, Templegate, 1992.

유대교의 신 이해

L. Jacobs, *A Jewish Theology*, London, Darton, Longman and Todd, 1973. 같은 저자의 *Hasidic Prayer*, London, Littman Library, 1993 도 참조.

J. Magonet, *The Explorer's Guide to Judaism*, London, Hodder and Soughton, 1998.

I. Clendinnen, *Reading the Holocaust*, Cambridge, Cambridge University Press, 1999.

마이모니데스

J. S. Minkin, *The World of Moses Maimonides*, New York, Yoseloff, 1957.

그리스도교의 신 이해

P. Vardy and J. Arliss, *The Thinker's Guide to God*, N. Arlesford, O Books, 2003.

S. J. Grenz and R. E. Olsen, *20th Century Theology: God and the World in a Transitional Age*, Denvers Grove, Paternoster, 1992.

J. P. Mackey, *The Christian Experience of God as Trinity*, London, SCM, 1983.

C. M. LaCugna, *God for Us: The Trinity and Christian Life*.

G. W. Hughes, *God of Surprises*, London, Darton, Longman and Todd, 1985.

이슬람의 신 이해

K. Cragg, *Readings in the Quran*, Brighton, Sussex Academic Press, 1999.

K. Cragg and M. Speight, *Islam from Within: Anthology of a Religion*, Belmont, Wadsworth, 1980.

M. Ruthven, *Islam*.

W. Montgomery Watt, *Islamic Creeds: A Selection*.

M. Akyol, *Islam without Extremes: A Muslim Case for Liberty*, New York, Norton, 2011. Akyol은 하나피파(책에서 설명함)의 관점에서 이슬람, 즉 '알라에 대한 순종'이 어떤 의미여야 하느냐는 문제를 둘러싼 무슬림의 역사적 분열상을 명료하고도 박식하게 서술한다.

M. A. Quasem, *Salvation of the Soul and Islamic Devotions*, London, Kegan Paul, 1983. 알라와 관련된 의무들을 요약해놓은 책.

수피

W. Chittick, *Sufism: A Beginner's Guide*.

알가잘리

W. Montgomery Watt, *Muslim Intellectual: A Stury of Al-Ghazali*, Edinburgh, Edinburgh University Press, 1963.

루미

A. Harvey, *Light Upon Light: Inspiration from Rumi*, Berkeley, North Atlantic Books, 1996.

인도의 신 이해

G. Flood, *An Introduction to Hinduism*, Cambridge, Cambridge University Press, 1996.

A. Danielou, *Hindu Polytheism*, London, Routledge, 1964. 인도에서 나타나는 '신'의 주요 현현 형태들을 요약해놓은 책으로, 서론에서 Danielou는 인도의 맥락에서 '다신교'가 어떻게 이해되는지를 세심하게 설명한다.

K. K. Klostermaier, *Hindu Writings: A Short Introduction to the Major Sources*, Oxford, Oneworld, 2000.

D. L. Eck, *Encountering God: A Spiritual Journey from Bozeman to Banaras*.

대체로 인도의 신 이해는 비언어적인, 흔히 신체적인 형태로 표현된다. 그러니 참고문헌 중에서 Huyler, *Meeting God*를 보라. 그리고 다음도 참조하라.

H. Elgood, *Hinduism and the Religious Arts*, London, Cassell, 1999.

A. Shearer, *The Hindu Vision: Forms of the Formless*, London, Thames and Hudson, 1993.

In the Image of Man: The Indian Perception of the Universe through 2000 Years of Painting and Sculpture, London, Arts Council of Great Britain, 1982. 인도 축제의 일환으로 1982년에 헤이워드 갤러리에서 열린 전시회의 도록. 수록된 삽화들이 훌륭하고 유익한 설명이 붙어 있다.

신을 아는 것과 모르는 것에 관하여

J. Bowker, ed., *Knowing the Unknowable: Science and Religions on God and the Universe*, London, I. B. Tauris, 2009. 기고문 전부가 입문용은 아니지만 특히 다음은 입문용으로 읽을 만하다. B. McGinn, 'Three Forms of Negativity in Christian Mysticism', G. Flood, 'Knowing the Unknowable in Indian Traditions', 그리고 신과 시

인들에 관한 M. Bowker, 'The Unknowable Not Unknown: The Poetry of R. S. Thomas', F. X. Clooney, 'Divine Absence and the Purification of Desire: A Hindu Saint's Experience of a God Who Keeps his Distance'.

십자가의 요한

I. Mattew, *The Impact of God*, London, Hodder and Stoughton, 1995.

에크하르트

R. Woods, *Eckhart's Way*, Dublin, Veritas, 2009. 이 책의 논의는 같은 저자의 *Meister Eckhart: Master of Mystics*, London, Continuum, 2011에서 더욱 진전된다.

역자 후기

  신이란 무엇인가? 신을 긍정하든 부정하든 누구나 떠올려 봤음직한 물음이다. 신자 편에서건 불신자 편에서건 고대부터 현대까지 무수히 많은 사람들이 이 물음에 매달려 답을 구하고 또 내놓았다. 종교의 역사가 이 물음을 둘러싸고 전개되었다고 해도 지나친 말은 아니리라. 하나의 답이 우세를 점하는가 싶으면 이내 다른 답이 대두했고, 한 가지 답에서 출발한 종파 내에서도 기존과 다른 답이 제시되곤 했다. 그토록 오랜 세월 동안 수많은 이들이 숙고했음에도 모두가 동의하는 답은 찾을 수 없었다. 순교와 내분, 박해와 전쟁으로 얼룩진 종교사야말로 그 증거다.

  그 답을 찾을 수 없었던 이유는 인간 쪽이 아니라 신 쪽에 있다. "신이란 무엇인가?"라는 물음은 신을 정의할 것을 요구한다. 그런데 정의한다는 것은 곧 정의하려는 대상의 외연과 내포를 한정한다는 것이다. 그러나 저자의 말대로 신이 신이라면, 우리가 '신'이라는 낱말로 표현하는 지고한 실재라면, 인간은 신의 의미를 한정할 수 없다. 첫째로 신이 우주의 대상들 중 하나가 아니기 때문이고, 둘째로 세상을 창조하고 보존하는 무한한 초월자를 유한한 피조물인 인간이 제 지성의 한계 안에 가둔다는 것은 논리적 모순이기 때문이다.

인간이 할 수 있는 일은 다만 신을 이해하기 위해 신에 대해 말하고 생각하는 것이다. 신을 묘사하고 특징짓고 신의 계시를 해석하는 것이다. 형언할 수 없는 신을 형언하려 애쓰는 것이다. 그러나 인간은 신을 정의할 수 없듯이 신에 대한 완전하고도 최종적인 이해에 이를 수 없다. 신은 한결같고 불변할지라도 유한자인 인간이 특정한 시공간에서 특정한 언어로 표현하는 신에 대한 이해는 필연적으로 근사적이고 잠정적이고 불완전하다. 따라서 인간의 신 이해는 수정되고 변경되고 대체되고 폐기될 수밖에 없으며, 실제로 종교들은 기존의 신 이해를 보존하는 동시에 바꾸어왔다. 이는 신이라는 목적지로 나아가는 다양한 길들이 있음을 뜻한다.

이 책은 신으로 향하는 그 길들이 어떻게, 그리고 왜 형성되었는지를 실례를 들어 살펴본다. 다만 지면의 제약 탓에 그중

에서도 큰 길들, 즉 유대교, 그리스도교, 이슬람교, 인도 종교
들의 형성기에 주목한다. 종교의 토대를 이해하지 않고는 그
이후의 변화도 이해할 수 없기 때문이다. 저자가 보여주듯이
주요 종교들은 기존의 신 이해를 흡수하는 동시에 폐기하면
서 출현했다. 유대교는 가나안 지역의 믿음과 문화를 받아들
이면서도 그곳에서 믿던 신들을 새로운 유일신 야훼로 대체
했다. 유대교 안에서 출발한 그리스도교는 성서 시대의 하느
님 이해를 대체로 공유하면서도 하느님과 인간의 관계를 재
설정했다. 다시 말해 하느님의 계약과 목표가 예수를 통해 (이
스라엘 민족에게서) 모든 인간에게로 보편화된다는 믿음을 받
아들여 유대교와 갈라섰다. 이슬람교는 모세와 예수를 알라의
초기 예언자로 인정하면서도 변질되지 않은 완전하고도 최종
적인 계시는 꾸란 하나뿐이라고 믿었다. 그런가 하면 인도에
서는 한 가족을 이루는 종교들이 다양한 현현체들을 통해 신
이라는 목적지에 닿고자 했다.

넓게 보면 종교들이 제각기 걸어온 길들은 두 종류로 묶인
다. 하나는 신이 인간 지성에 불가해함을 인정하면서도 신이
내려준 계시와 신이 창조한 세상 만물에 근거하여 신에 대해
말하는 '긍정의 길'이다. 다른 하나는 신에 대해 말하기를 포
기함으로써, 신에 대한 우리의 관념과 전제를 버림으로써 신
에게 다가가려는 '부정의 길'이다. 그러나 저자의 말대로 어느

길을 택하든 인간이 홀로 걸어가는 한, 신과 인간 사이에 놓인 '무지의 구름'은 걷히지 않는다.

저자 존 보커는 신학자이자 영국 성공회 사제다. 예상대로 저자는 신을 둘러싼 논쟁에서 신앙인 편에 서고, 책 곳곳에서 유신론을 옹호한다. 책 끄트머리에서는 신의 초대를 받아들여 기도를 올리라고 은근히 권하기까지 한다. 불신자라면 사제 서품까지 받은 사람이 편향된 입장에서 신을 소개한다며 혀를 찰지도 모르겠다. 그러나 설령 그런 편향이 단점이라 해도 (나는 오히려 장점이라고 생각하지만) 이 책에는 단점을 상쇄하고도 남는, 수십 년간 세계 종교들을 설명하고 해석하고 비교해온 저자의 높은 학식이 녹아들어 있다.

독서안내

존 보커의 저서 중에는 『사진과 그림으로 보는 성서』(이종인 옮김, 시공사)가 번역되어 있다. 제1장에서 인용하는 앤터니 플루의 『신은 있다』는 『존재하는 신』(홍종락 옮김, 청림출판)으로 번역되어 있다. 저자가 권하는 읽을거리는 안타깝게도 거의 번역되어 있지 않다. 그 대신 아래 책들을 참고할 수 있겠다.

유대교

『한스 큉의 유대교』, 한스 큉 지음, 이신건 외 옮김, 시와진실

『유대교: 유랑민족의 지팡이』, 칼 에를리히 지음, 최창모 옮김, 유토피아

『유대교와 헬레니즘』(전3권), 마르틴 헹엘 지음, 박정수 옮김, 나남출판

『유대인의 역사』, 폴 존슨 지음, 김한성 옮김, 포이에마

그리스도교

『예수: 생애와 의미』, 리처드 보컴 지음, 김경민 옮김, 비아

『성스러움의 의미』, 루돌프 오토 지음, 길희성 옮김, 분도출판사

『칼 바르트 교의학 개요』, 칼 바르트 지음, 신준호 옮김, 복있는사람

『삼위일체론』, 루카스 마태오 세코 지음, 윤주현 옮김, 가톨릭출판사

『초기 그리스도교의 사회사』, 볼프강 슈테게만 · 에케하르트 슈테게만 지음, 손성현 · 김판임 옮김, 동연

『그리스도교 이야기 1 · 2』, 박승찬 지음, 가톨릭출판사

『기독교의 발흥』, 로드니 스타크 지음, 손현선 옮김, 좋은씨앗

『디트리히 본회퍼』, 매튜 D. 커크패트릭 지음, 김영수 옮김, 비아

이슬람교

『이슬람』, 카렌 암스트롱 지음, 장병옥 옮김, 을유문화사

『한스 큉의 이슬람』, 한스 큉 지음, 손성현 옮김, 시와진실

『꾸란 이펙트』, 브루스 로런스 지음, 배철현 옮김, 세종서적

『이슬람 1400년』, 버나드 루이스 지음, 김호동 옮김, 까치

『이슬람의 세계사』(전2권), 아이라 M. 라피두스 지음, 신연성 옮김, 이산

『이슬람의 눈으로 본 세계사』, 타밈 안사리 지음, 류한원 옮김, 뿌리와이파리

『이슬람문명』, 정수일 지음, 창비

인도의 종교들

『인도인의 길』, 존 M. 콜러 지음, 허우성 옮김, 소명출판

『힌두교, 사상에서 실천까지』, 가빈 플러드 지음, 이기연 옮김, 산지니

『힌두교』, 베르너 숄츠 지음, 황선상 옮김, 예경

『경전으로 본 세계종교 힌두교』, 길희성 지음, 전통문화연구회

『우파니샤드』, 이명권 지음, 한길사

『베다』, 이명권 지음, 한길사

도판 목록

신

GOD

초판 인쇄 2017년 6월 2일

초판 발행 2017년 6월 12일

지은이 존 보커
옮긴이 이재만
펴낸이 염현숙
편집인 신정민

편집 최연희
디자인 강혜림
저작권 한문숙 김지영
마케팅 방미연 최향모 오혜림
홍보 김희숙 김상만 이천희
제작 강신은 김동욱 임현식

제작처 한영문화사(인쇄) 한영제책사(제본)
펴낸곳 (주)문학동네
출판등록 1993년 10월 22일
      제406-2003-000045호
임프린트 교유서가
주소 10881 경기도 파주시 회동길 210
문의전화 031) 955-1935(마케팅)
      031) 955-2692(편집)
팩스 031) 955-8855
전자우편 gyoyuseoga@naver.com
ISBN 978-89-546-4582-9 03200

www.munhak.com